ALTE HÖFE, NEUES LEBEN

Micha Dudek / Guido Roschlaub

Alte Höfe, neues Leben

VERLAGSGRUPPE PATMOS
PATMOS
ESCHBACH
GRÜNEWALD
THORBECKE
SCHWABEN

Die Verlagsgruppe
mit Sinn für das Leben

Konrad Lorenz und Horst Stern gewidmet, mit denen wir
aufgewachsen sind, zu sprechen und zu denken lernten – und
wir meinen wirklich zu sprechen und zu denken.

Für die Schwabenverlag AG ist Nachhaltigkeit ein wichtiger
Maßstab ihres Handelns. Wir achten daher auf den Einsatz
umweltschonender Ressourcen und Materialien. Dieses Buch
wurde auf FSC®-zertifiziertem Papier gedruckt. FSC (Forest
Stewardship Council®) ist eine nicht staatliche, gemeinnützige
Organisation, die sich für eine ökologische und sozial
verantwortliche Nutzung der Wälder unserer Erde einsetzt.

Alle Rechte vorbehalten
© 2013 Jan Thorbecke Verlag der Schwabenverlag AG, Ostfildern
www.thorbecke.de

Gestaltung: Finken & Bumiller, Saskia Bannasch
Druck: Offizin Andersen Nexö, Zwenkau
Hergestellt in Deutschland
ISBN 978-3-7995-0239-9

Inhalt

7	Begleitwort von Sarah Wiener
8	Buch-Philosophie
12	»Zurück in die Zukunft«
26	Modellregion Arche
46	Eulenflucht
56	Hofgeflüster
78	Kleinvieh mag auch Mist
98	Winter auf dem Resthof
108	Die Autoren
111	Danksagung
112	Bildnachweis

Begleitwort

Micha Dudeks Buch handelt von Träumen. Meinen Träumen. Denn ich wäre auch gerne eine derjenigen, die den Stoff für eines der Kapitel liefert. Weil ich dann meine Vision von einem eigenen, nachhaltig wirtschaftenden Bauernhof bereits erfolgreich in die Realität umgesetzt hätte. Vielleicht so einen wie den von Bauer Frits, ganz bestimmt mit einer Zucht alter Haustierrassen, hoffentlich einem einladenden Eulen-Refugium, ganz sicher mit einem Misthaufen und bestimmt auch vielen netten Gästen und Bewohnern.

Immerhin hat mich die Lektüre ein Schrittchen weitergebracht. Sie hat mir nachahmenswerte Ideen geliefert, mir Schwierigkeiten aufgezeigt, aber vor allem hat sie mich inspiriert und motiviert. Denn in letzter Zeit habe ich fast nur Buch gewordene Hiobsbotschaften in die Finger bekommen. Ich setze mich auch sehr dafür ein, dass möglichst viele Leute Bescheid wissen über die unhaltbaren Zustände beispielsweise in der Massentierhaltung, Gentechnik oder der industriellen Lebensmittelproduktion. Manchmal tut es aber eben auch gut, mal etwas Positives zu lesen.

Eine gute Bekannte von mir, Sonja Moor, sagte einmal sinngemäß: »Landwirtschaft ist kein Traum. Das ist sehr harte Arbeit, für die nicht jeder gemacht ist.« Ja, da hat sie sicher recht. Aber vor der harten Arbeit steht immer der Traum eines Einzelnen oder einer Gruppe von Menschen. Die haben es sich eben in den Kopf gesetzt, dass sie die Welt ein bisschen besser machen wollen, indem sie direkt mit der Natur arbeiten. Das zu verwirklichen erfordert Willensstärke, Durchhaltevermögen – und natürlich harte Arbeit. Es braucht eben beides: Die Vision und den Biss, sie auch Gestalt annehmen zu lassen. Ich muss jetzt leider aufhören zu schreiben, bin mal eben am Bauernhof planen …

Liebe Grüße, Sarah Wiener

Buch-Philosophie

*Den besten Unterricht zieht man
aus vollständiger Umgebung.*
Goethe

Der Wunsch nach einem freien, unbeschwerten Leben auf dem Lande wird in breiten Schichten der Bevölkerung immer lauter. In den Mittelpunkt der Wünsche rücken dabei die sogenannten Resthöfe, Bauernhöfe, zu denen einst Ackerland und Wiesen in mehr oder weniger großem Maßstab gehörten. Übrig geblieben sind oft stilistisch wertvolle Gebäude mit Beiwerk aus Brunnen, Mühlen, Wasserrädern, Stallungen, Speichern, Schuppen, Lagerplätzen, Gärten und Streuobstbeständen. Fernab der Großstadt profitieren davon neben dem Menschen, der die Abgeschiedenheit sucht, viele Tier- und Pflanzenarten. Gerade da die heutigen Anwesen vornehmlich der »Ruhe« dienen, kehren zahlreiche Arten zurück, die Opfer von Produktionsdruck und Wirtschaftlichkeit der vorigen Jahrhunderte wurden.

So entstehen mit diesem Buch großartige Porträts und Geschichten: von Eulen unter dem eigenen Dach, von Laubfröschen in der Küche, von Rosenkäfern im Blumentopf und wilden Erdbeeren im Balkonkasten, von Brandmäusen an der Futterschüssel und Schlangen im Misthaufen, von nicht weniger spannenden Pflanzengesellschaften im Vorgarten und alten Tierrassen in Haus und Hof. Projekte wie die Arche-Region werden vorgestellt, und Menschen, die sich um den Erhalt von Eulen, alten Haustierrassen und extensiv erzeugten Landschaftsbildern intensiv kümmern.

Resthöfe liegen im Trend. Im Laufe des Buches werden Menschen porträtiert, die sich durch eine ganz unterschiedliche Motivation zu einem neuen Leben auf dem Lande entschlossen haben.

Wir begegnen dabei auch Menschen, die nicht selten grundsätzlich stadtmüde sind und sich im Trend »zurück zur Natur« sehnen. Menschen, die wohl auch müde der ständigen negativen Umweltnachrichten sind: von PCB- und Urananreicherung, von Lebensmittelskandalen, von nicht artgerechter Tierhaltung und den vielen anderen Formen von Umweltzerstörung und Artenschwund. Sie sind nun voll der Sehnsucht nach mehr Transparenz, Verkürzung langer Produktionsketten zwischen Erzeuger und Kunden und allgemein ein Stück weit mehr Unabhängigkeit, es leid, der immerwährenden Nachverdichtung in den Städten ohnmächtig zusehen zu müssen.

Aber es gibt auch Kurioses zu berichten, von Hühnern zum Beispiel, die einen Rechtsverstoß begehen, nur weil sie am Ende des Weges anstatt rechts abzubiegen nach links laufen. Und ein einzelner Mann zeigt, dass es möglich ist, seine eigenen Steinkauzbestände anzuheben gegen jeden anderen Trend.

Wichtig war es uns auch, vom Existenzkampf alter Haustierrassen zu berichten und von den Menschen, die sich für sie einsetzen.

Wir freuen uns, Sarah Wiener für das Vorwort gewonnen zu haben. Unserer Ansicht nach eignet sich niemand dafür besser als sie, die als Verfechterin der Ökologie und Nachhaltigkeit ein großer Resthoffan ist.

Mein Freund Guido, der einen erheblichen Teil des Fotomaterials zu diesem Werk beigesteuert hat, und ich »litten« bereits als Kinder unter den gleichen »Syndromen«. Als »Zweitgeborene« sind wir zum einen beide mit all ihren entsprechenden Eigenschaften wie etwa Hilfsbereitschaft ausgestattet worden. Zweitgeborene sind es von vornherein gewohnt, nicht die einzigen auf der

Welt zu sein, wodurch man gleich das Teilen lernt. Zum anderen haben wir uns stets für die wildfarbenen Vertreter unter den Haustieren wie Hund, Goldfisch und Goldhamster entschieden, wenn wir mit dem älteren Geschwisterchen unterwegs waren und uns ein lebendiges Tier auf elterliches Geheiß aussuchen durften. Die Geschwister aber entschieden sich eher für die »spektakulärfarbenen« Vertreter. Für meinen großen Bruder konnte beispielsweise kein Goldfisch golden genug, kein Goldhamster »goldig« genug sein. Das liegt, meiner Meinung nach, daran, dass Erstgeborene von Anbeginn sehr »technokratisch« ausgerichtet sind, vielleicht auch so erzogen werden. Guido und ich haben uns dagegen immer für den graubraunen Goldfisch, den graubraunen Goldhamster oder den möglichst »wolfsfarbenen« Hund entschieden, die Platz für Fantasie ließen, es handele sich wirklich um die Wildform. Ich bezeichne es gern als »Konrad-Lorenz-Syndrom«.

Diese Denkart führt in der persönlichen Entwicklung schnell zu einem komplett anderen Naturverständnis. Im Ergebnis sind Erstgeborene oft die »technikbegabteren« Menschen, während sich bei Zweitgeborenen nicht selten die sogenannte Liebe zu Tier und Natur durchsetzt. Mit dieser Idee vom Ganzen wächst man zunächst auf. Bis man am vorzeitigen Ende jedoch von einer neuen Erkenntnis überrascht wird, dass man nämlich selber der Technokrat in der Familie ist, da die Naturwissenschaft sehr viel exakter gezogen ist und in weit höherem Zusammenhang verläuft als nur im vorübergehend vom Menschen Gemachten.

Dann folgt der nächste »Schock«, da man sich entschieden hat, über »Resthöfe« zu schreiben. Das bedeutet auch, sich wieder mit typischen

Haustieren auseinandersetzen zu müssen, also Hühnern, Schafen und Schweinen. Fast fühlt man sich in das Trauma seiner frühesten Kindheitstage zurückversetzt, als es noch galt, sich entscheiden zu müssen zwischen Wild- und Haustierformen. Doch bei diesem Thema müssen Guido und ich uns nicht entscheiden. Denn Resthöfe bieten gleichermaßen Lebensraum für Haus- und Wildtiere, wie im Kapitel »Eulenflucht« zu lesen ist. Und ebensolches gilt für die Pflanzenwelt, in der gezüchtete Pflanzen am Resthof ebenso ihre Heimat finden sollten wie die Wildpflanzen, wie es unter anderem in Kapitel »Kleinvieh mag auch Mist« beschrieben steht.

Eine weitere Erkenntnis treibt uns um, die Unverhältnismäßigkeit zwischen Mensch und Natur betreffend. Diese Unverhältnismäßigkeit kommt, unserer Ansicht nach, besonders gut zum Ausdruck in dem altbekannten Witz von der Maus und dem Elefanten, der in etwa so geht: Ein Elefant nimmt im Kino vor einer Maus Platz. Als er seine Unhöflichkeit, ihr die Sicht zu nehmen, bemerkt, entschuldigt er sich bei der Maus. Die aber kontert mit den Worten, dass ihr das Gleiche ja auch hätte passieren können …

Der Mensch wirkt auf uns oft wie die Maus aus der zweiten Reihe, die sich gnadenlos überschätzt. Diese Selbstüberschätzung scheint wunderbar darin zum Ausdruck zu kommen, die gesamte Umwelt als Natur zu bezeichnen – und nur diese!

Maus und Mensch vermitteln den Eindruck, sie würden Natur schädigen können, indem sie in die Umwelt eingreifen. Wenn man Natur aber als schöpfende Kraft annimmt, die höher steht als alle Gottheiten, so mutet das als sinnloser Kraftakt an. In all unseren Schriften vermeiden wir es daher, einen Artikel vor das Wort Natur zu setzen, so wie in einigen Sprachräumen üblich, weil für uns der Artikel unnötigen Abstand bedeutet. Wir schreiben also nicht: Die Natur! Was für Gott Recht ist, sollte für Natur billig sein! Der schmale »Kippelpfad« zwischen Blasphemie und Bionik zeigt sich in der weiteren Wahrnehmung von Gott und Natur, dass es als verpönt gilt, Gott zu imitieren, »Gott zu spielen«, die Anwendung natürlicher Prinzipien jedoch als intelligente und nützliche Lösung anerkannt wird.

Auch die Ausdrücke »Weibchen« und »Männchen« wird man in unserem gesamten Textwerk redlich vermissen, da wir der Meinung sind, man könne erwachsene Lebewesen nicht in verniedlichender Form ansprechen. Die herkömmliche Bezeichnung »Silberrückenmännchen« für den bis zu 160 Kilogramm schweren Berggorillamann erscheint geradezu grotesk. Nur möchten wir darauf hinweisen, dass die Aufhebung des Unverstandes nicht festgemacht ist an körperlicher Größe, nicht einmal am Intellekt, sondern eher einem Prinzip obliegt. Bei genauerer Betrachtung der Arten werden nämlich die Ähnlichkeiten offenbart, nicht die Unterschiede!

Eigentlich schon überflüssig, verweisen wir dennoch gern einmal mehr darauf, dass wir auch den Begriff »Raubtier« vermeiden. Raubtiere nehmen niemandem etwas weg. Stattdessen empfehlen wir weiterhin die Verwendung der Begriffe »Beutegreifer« und »Prädator«.

Was spricht eigentlich dagegen, bei der Beschreibung aller Tierarten die Verwendung der Begriffe von Mann und Frau, von Essen und Trinken, von Schwangerschaft und Sterben zu verwenden anstatt von Weibchen, Männchen, Fressen, Äsen, Saufen, Schnauze, Raubtier, Tragzeit und Verenden zu sprechen? Mit Vermenschlichung hat das nichts zu tun! Aufgrund unserer eigenen zoologischen Stellung ist es nicht statthaft, Sonderbegriffe zu verwenden, da diese doch eher einer kolonialen Sichtweise entsprechen.

Wir wünschen einen unverkrampften Umgang mit diesen Bezeichnungen wie in all unseren vorausgegangenen Veröffentlichungen – und nun viel Freude am Lesen, Gucken und Studieren!

Micha Dudek & Guido Roschlaub

»Zurück in die Zukunft«

Douglas Tompkins

Besuch beim Resthofbesitzer Camille Frits van Beusekom, kurz Frits. Der ist vor gut fünfzehn Jahren zu seinen Wurzeln zurückgekehrt. Er suchte einen Hof in einer Landschaft, die ihn an seine Kindheitstage an der deutsch-niederländischen Grenze erinnert. Und fand ihn in der »La Brenne«, einem Landstrich südlich von Paris. Obwohl die klimatischen Verhältnisse der La Brenne mit denen Deutschlands und der Niederlande nahezu identisch sind, weist diese Landschaft eine ungleich höhere Artenvielfalt auf! Frits stellte die Bewirtschaftung seines Hofes auf extensiv um. Dafür gedeihen jetzt auf den Feldern des »Pensionärs ohne Wirtschaftsdruck« wunderbarerweise Tausende von Orchideen, von denen viele als verloren geglaubte Arten hier eine zweite Chance erhalten. Frits dient als Beispiel ohnegleichen dafür, was passieren kann, wenn man konsequent seinen Träumen folgt.

»DAS HAUS AM SEE«
Peter Fox

Das schmale Rinnsal am Hamburger Stadtrand entlang wandeln, elegant beieinander untergehakt, ein älterer Herr und eine junge Dame. Es fließt ein wenig hektisch zwischen Erlen und Weiden, über Schotterbänke und Erinnerungen hinweg. Ob seine heutigen Begleiter Vater und Tochter oder ein ungleiches Paar sind, verrät ihre Körpersprache nicht. Wohl aber gibt ihre Kleidung Auskunft über den Wandel der Jahreszeiten: In flauschigen Mantel gehüllt, den dicken Kragen hochgeschlagen, seinen Kopf weiches, weißliches Resthaar zierend, weist nur das Gesicht des Mannes wirklich strenge Züge auf – wie der Winter selbst. Sein Schritt wirkt behäbig im Vergleich zu den fast tänzelnden Bewegungen seiner Partnerin. Die kleine Brille sitzt fest auf seiner knubbeligen Nase, so als könnte er sich nur über sie des Winterendes vergewissern.

Ihm eingehakt schreitet leichtfüßig die schöne, junge Frau. Sie kommt deutlich leichter gekleidet daher. Ihr Mantel endet so, dass er den Blick auf Stiefelchen und die braune, etwas dickere Strumpfhose freigibt. Offenkundig scheint das Sonnenlicht Gefallen an ihrer kecken Nase gefunden zu haben und lässt daher Sprossen darauf tanzen. Sie erinnert in ihrer Heiterkeit so sehr an den bevorstehenden Frühling, dass dem Entgegenkommenden nur der Schluss bleibt, ihm begegneten Winter und

oben | Das »Haus am See«

vorherige Doppelseite links und rechts | Von März bis April setzen Nacktblüher wie Schlehdorn und Kornelkirsche dem Frühling ein weithin sichtbares Zeichen.

Frühling, Arm in Arm, die eine aus dem anderen geboren, im Begriff voneinander zu scheiden, doch nicht so ganz ohne Widerstand.

Vom Eise befreit sind Strom und Bäche
Durch des Frühling holden belebenden Blick,
im Tale grünet Hoffnungsglück;
der alte Winter, in seiner Schwäche,
zog sich in rauhe Berge zurück.

Von dort her sendet er, fliehend, nur
ohnmächtige Schauer körnigen Eises
in Streifen über die grünende Flur.
Aber die Sonne duldet kein Weißes,
überall regt sich Bildung und Streben,
alles will sie mit Farben beleben;
doch an Blumen fehlt's im Revier,
sie nimmt geputzte Menschen dafür.
Goethe

Wenn es denn Frühling geworden ist in Europa, ist es gleichsam interessant, die Veränderungen in der Pflanzen- wie in der Menschenwelt aus dem Auto heraus zu betrachten. Auf einer Distanz von 1300 Kilometer in südwestlicher Richtung tut sich manches. Und so verlassen wir den norddeutschen Frühling, um dem französischen Frühsommer entgegenzufahren. Wir lassen eine Landschaft an uns vorüberziehen, die der Mensch in den vergangenen Jahrtausenden geprägt hat. Im stillen Hintergrund aber, jenseits der Hauptstraßen, tauchen immer mehr Höfe auf, die Menschen beherbergen, die einem neuen Trend folgen.

Wir, Freund und Fotograf Guido und ich, teilen uns die Strecke; so fährt jeder nurmehr 650 Kilometer. Mit einer Übernachtung an der deutsch-niederländischen Grenze bei einem Bekannten ist die Tour in gut 13–14 Stunden geschafft. Obendrein hat man sein Ziel einigermaßen entspannt erreicht.

In Mittelfrankreich angekommen, gönnen wir uns das Haus am See. Orangenbaumblätter wie im Song von Peter Fox liegen hier zwar keine auf dem Weg, doch romantisch gelegen ist es, aus Holz und Glas bestehend, als Teil einer kleinen Ansammlung ähnlicher Häuser. Durch eine hohe Holzpalisade vor Blicken geschützt, stehen alle an einem Seeufer versammelt. Ein territoriales Paar Mauereidechsen beansprucht den hölzernen Steg, der uns über ein trockenes Bachbett hinweg zu unserem Haus geleitet. Sämtliche Häuser sind in hellem Türkis gehalten und inwendig ähnlich einfach eingerichtet: Bett, Tisch, Stuhl und Waschgelegenheit. Das Besondere der Häuser aber ist ihr großzügig bemessener, seeseitig ausgerichteter Terrassenbereich, der auf Pfosten wie auf Stelzen ruht. Auf ganzer Länge jedes Hauses lassen sich gläserne Schiebetüren zurückziehen – wir brauchen nur einen einzigen Schritt zu tun und stehen auf der Terrasse, wo uns ein angenehmer Seewind empfängt.

Bei dunklem Rotwein und krossem Baguette kommen die Abendgedanken wie von allein herbei. Das morgige volle Programm im Visier, lassen wir unsere Blicke für diesen Moment über den ruhig in der untergehenden Sonne liegenden See dahingleiten. In der Brenne scheint die Zeit ein wenig langsamer voranzuschreiten als anderswo. Das Gefühl von Luxus ist jedoch relativ. Wir wohnen für sieben Tage in der

Brenne, 250 Kilometer südwestlich von Paris. Wer Tiere, Pflanzen, Wildnis mag und einen gewissen Hang zur Nostalgie besitzt, wird das, was wir hier vorfinden, als Luxus empfinden. Uns geht es jedenfalls so, während sich andere Gemüter wohl um diese Zeit eher nach Paris sehnen.

Einige Monate war es her, dass wir in einer kleinen Cessna neben Ruud Lardinois saßen, einem Kollegen in Sachen Naturschutz. Er sagte während des Rundflugs über das wohl zugkräftigste Naturschutzprojekt der Niederlande, die »Oostvaardersplassen«, nur fünfzig Kilometer nördlich vor Amsterdam liegend: »Wenn Ihr

rechts | Der Schmetterling Blauschwarzer Eisvogel

wirklich mehr über die Anfänge der Oostvaardersplassen erfahren wollt, müsst Ihr zu Frits, Camille Frits van Beusekom. – Aber Ihr müsst Frits aufsuchen, nicht bloß schreiben oder anrufen. Ihr müsst ihn erleben! Er wird Euch vor Ort sehr viel zeigen können.« Deshalb stehen wir jetzt hier! Und ich höre Ruuds Worte noch einmal nachklingen, als eine Gruppe elfenbeinfarbener Kuhreiher über den See fliegt und in die Nacht entschwindet.

EUROPAS BIG FIVE

Der nächste Morgen beginnt mit einem Suchspiel: In einem Umfeld von 166.000 Hektar Land- und Seenfläche soll ein Mann gefunden werden, dessen Äußeres uns unbekannt ist und dessen genaue Adresse wir nicht kennen.

Zwei Herren mittleren Alters bewegen sich dort auf klapprigen, geliehenen Rädern eine (sehr) schlechte Wegeführung hinunter, haben aber immerhin schwere Kameraausrüstung auf dem Buckel – und erzeugen so vermutlich ein Bild für die Götter. Ihr einziges wirkliches Problem ist: Sie sind »blind« in die Brenne gestartet. Ruud, der einzige, der Genaueres über Frits wusste, ist im letzten Moment vom Vorhaben abgesprungen, uns nach Frankreich zu begleiten.

Das soll aber nicht bedeuten, dass wir an diesem Morgen untätig waren. Ein Besuch von Madame Gelas, unserer Wirtin, brachte uns unserem Ziel beträchtlich näher. Sie bewohnt mit Gatten und zwei Hunden ein Haus auf der anderen Seite des Sees. Auf die Schilderung unseres kleinen Problems hin erklärte sie, dass die Straßen hier keine Namen tragen und die Häuser keine Nummern. Stattdessen trägt jeder der weit in der Landschaft versprengt liegenden Höfe einen selbsterdachten, kunstvollen Namenszug, oft nur auf eines jener hölzernen Schilder handschriftlich notiert, die in den Boden gerammt auf einen versteckt liegenden Zubringerweg verweisen.

Nun sind beileibe nicht jedem Franzosen der Umgebung alle Hofnamen vertraut. Daher heißt es, sich durchzufragen. Madame Gelas griff zum Telefon und bedeutete uns, nicht die Flinte ins Korn zu werfen. Nach einigen Versuchen meldete sich eine Nicole am anderen Ende: »Salut Patricia. Comment ça va – Wie geht es Dir?« Dem kurzen Geplänkel von Höflichkeiten folgte die Idee, in welchem Gebiet Frits' Hof ungefähr liegen könnte. Dort erst einmal heil

angekommen, sollten wir uns weiter bis zu unserem Ziel durchfragen.

Gesagt und vorgenommen – doch wie sollten wir das anstellen, wenn sich herausstellte, dass selbst der Hauptweg nur schwach frequentiert ist? Uns klingt Madame Gelas' Wunsch »Bonne chance – Vielö Glück!« noch lange nach, so wie wir da auf unseren Leihrädern verloren sitzen. Dann stellt sich wie sooft im Leben alles als viel einfacher heraus als zuvor gedacht. Auf der Fahrt durch eine abwechslungsreiche Landschaft aus Licht und Schatten hügelauf und hügelab werden wir von zahlreichen großen Schmetterlingen begleitet. Einige von ihnen, wie die Blauschwarzen Eisvögel, lassen sich auf unserer Haut nieder, um unseren Schweiß aufzusaugen. Bei jeder unserer Orientierungspausen wechseln die Falter – anspruchsloser als gedacht – auch einmal aufs Kettenöl der Räder, um sich daran gütlich zu tun. Dann stoßen wir auf ein Holzschild, dass wie vergessen am Wegesrand steht.

Scharf links biegen wir in einen Seitenweg ein, wagen uns unter einer dicken, schattenwerfenden Eiche hindurch und finden uns schließlich inmitten einer Ansammlung von Gänsen und Hühnern

oben | »Salers-Rinder« unter einer uralten Stieleiche

rechts | »Charolais-Rinder«

wieder. Außer Hofgeflügel und einigen Gebäuden im französischen Landhausstil ist nicht viel zu sehen. Von Menschen ist zumindest keine Spur. Ich betätige eine große Glocke an einem locker eingehängten Gartentor. Zwei weitere Versuche bleiben unbeantwortet, so dass wir unaufgefordert den Weg bis zur Haustür passieren. Wilde Erdbeer- und andere Rankpflanzen vereinnahmen die Tür fast vollständig. Nachdem auch auf das Betätigen eines weiteren, aber kleineren Glöckchens keinerlei Reaktion erfolgt, schleichen wir ums Haus und werfen einen Blick ins Innere. Die wuchernden Pflanzen finden dort in Töpfen ihre Fortsetzung. Ein alter Tisch taucht im Halbdunkel auf, von Stühlen umstanden. Mir fällt die Flinte an der Wand auf. Doch wirklich bildbestimmend ist die mächtige Standuhr aus nachgedunkeltem Holz mit schwerem Pendel und Blumenintarsien.

Beim Verlassen des Grundstücks werfen wir einen letzten prüfenden Blick in den Briefkasten (nicht ganz ohne Zweifel an der Richtigkeit unseres Vorgehens). Doch erfahren wir so von zwei Briefen darin, die an Frits adressiert sind, dass wir auf dem richtigen Hof sind. Wir fügen ihnen ein eigenes kurzes Schreiben hinzu: Mit unserer aktuellen Anschrift hier vor Ort, unserer Handynummer – und dass wir da waren.

Als wir am selben Abend ein zweites Mal bei Frits vorbeifahren, ist die gesamte Post verschwunden, nur dass wiederum keiner zu Hause ist. Das gleiche Spiel setzt sich die nächsten Tage fort. Und allmählich wird uns die Zeit knapp. Doch drei Tage vor unserer Abfahrt haben wir endlich Glück. Ein kleiner Herr im Morgenmantel, Anfang Sechzig, tritt an die Tür und begrüßt uns mit französischem Akzent: »Herr Dudek und Herr Roschlaub?« Wir nicken. Er sagt uns, dass er zwar am heutigen Tag und am folgenden Tag keine Zeit haben werde, weil der Schlacht- und Verkaufstag anstehen würden. Doch wir verabreden uns für

den kommenden Sonntag, dem allerletzten Tag unseres Frankreichaufenthaltes.

Pünktlich um 9 Uhr sind wir am Sonntag bei Frits zurück. Heißer Tee erwartet uns bereits sowie ein gut aufgelegter Mann: »Wie lange sind Sie jetzt schon in der Brenne?«

»Knapp eine Woche«, antworten wir brav und wie aus einem Munde.

»Und was haben Sie bisher gesehen?«

Wir müssen nicht lange überlegen: »Schmetterlinge – sehr viele verschiedene Arten von Schmetterlingen! Eidechsen: Mauer- und Smaragdeidechsen. Faszinierende Vogelarten: Pirole, Nachtigallen, Turteltauben, Kuckucke und Wiedehopfe – die ›Big Five Europas‹.«

Frits schaut uns verwundert an.

»Ja, die ›Big Five‹: Pirol, Nachtigall, Turteltaube, Kuckuck, Wiedehopf. Wir haben sie nach den afrikanischen ‚Big Five' so benannt: Löwe, Leopard, Büffel, Nashorn und Elefant!« Die fünf prominenten Afrikaner dienen als »Touristen-Lockstoff« und brauchen auf diese einfache Formel gebracht, zeitsparend nicht ewig einzeln aufgeführt zu werden. Der Tourist weiß gleich, was Sache ist. Dahinter steckt aber die tiefe Erkenntnis, dass bei Anwesenheit dieser Schlüsselarten eine gewisse Qualität des erlebbaren Raumes zu erwarten ist. Wir müssen uns in Europa derzeit mit etwas kleineren Arten bescheiden, die aber in ihrer Attraktivität beim genauen Hinschauen und Aussagekraft für die Raumqualität nicht geringer zu schätzen sind.

links | Die Orchidee Echter Zungenständel | Früher eine weit verbreitete Art in Mitteleuropa, die Smaragdeidechse

rechts | Der Rosenkäfer gibt eine glänzende Figur ab. | Frits' Domizil

Diese Combo eint ihr gemeinsames Wunschbild nach einer ursprünglichen Landschaft mit besonderen Strukturen aus Altholz, Dickichtsäumen und Offenland – dem sogenannten ›Wanneneffekt‹.«

Frits nickt tief befriedigt.

ARTEN WIEDER ZURÜCKGEBEN!

Wir sitzen in Frits' beeindruckender Küche. Sie scheint nur aus dem einfachen Küchentisch nebst ein paar Stühlen zu bestehen, die wir bereits durch die Fenster erspäht hatten. Dazu kommt ein gewaltiger Kamin, der eine Wand komplett für sich erschließt. Die überdimensionale Standuhr hat die zweite Wand fest im Griff. Die Fensterbänke quellen über mit Blumentöpfen, aus denen kupferschillernde Rosenkäfer schlüpfen und auf den Boden fallen. Die kleinen Fenster lassen wenig Licht herein. Die Tür neben der Standuhr steht offen und gewährt einen Blick auf den gedeckten Tisch eines etwas helleren Nebenraumes. Die weiße Tischdecke und die auf den Kopf gestellten Gläser verraten, dass es sich hierbei um die sogenannte »Gute Stube« handelt, wie sie früher einmal in vielen Land- und Stadthäusern üblich war. Der Tisch bleibt dabei stets gedeckt. Aber der Eindruck, hier wäre die Zeit

stehen geblieben, täuscht. Gerade die immerwährende Pendelbewegung und der pünktliche Schlag der Standuhr im Viertelstundentakt überzeugt »rasch« vom Gegenteil.

Nach anfänglichen französischen und niederländischen Satzbrocken findet Frits allmählich auch ins Deutsch zurück. Er erzählt davon, wie er als gebürtiger Niederländer in den 1940er- und 50er-Jahren in der Nähe der deutschen Grenze aufwuchs. Damals lagen zu beiden Seiten des Grenzverlaufs alte Kulturlandschaften. Nachdem seine Arbeit in den Niederlanden als Direktor der Oostvaardersplassen getan war, begann er diese Landschaften seiner Jugend zu vermissen. »Ich suchte nach dem verloren geglaubten Glück und fand diesen Ort in der Brenne«, sagt er zufrieden.

Wir erfahren, dass der »Parc Naturel Régional de la Brenne« eine Fläche von etwa 166.000 Hektar umfasst. Die aktuellen 33.000 Einwohner verlieren sich darauf. Der besondere Reiz der Brenne liegt in ihrem Seenreichtum, der eigentlich aus Teichen besteht, die zur Fischaufzucht angelegt wurden. Die heutige Regierung versucht gerade den Spagat, Naturschutz, Industrialisierung und Tourismus zu vereinen.

Den Kontrast zwischen zahlreichen Feuchtgebieten und extrem trockenen Lebensräumen wissen eine besonders reiche und verschiedenartige Fauna und Flora zu nutzen. Die vielen Reptilien der trocken-heißen Regionen der Sand- und Heidegebiete stehen der Fisch-, Vogel- und Amphibienvielfalt der zahlreichen Teiche in nichts nach. 200 bis 250 Brutvogelarten leben immerhin zeitweise in der Brenne. Europas größter noch existierender Sumpfschildkrötenbestand kommt hier mit ca. 100.000 Tieren vor.

»Und, haben Sie auch schon den Schlangenadler beobachten können?« Frits öffnet den Fensterladen, um einen dicken Rosenkäfer zu befreien, der gegen die Scheibe fliegt.

»Nein!?« Wir sind überrascht. Mit allem hätten wir hier gerechnet – aber mit einer scheinbar so seltenen Art wie dem Schlangenadler nicht.

oben | »Salers-Rinder«

rechts | Die zwei »Betrachtungsweisen« Micha Dudek (links) und Frits van Beusekom bei der Untersuchung des Labkraut-Blattkäfers oder Tatzenkäfers mit hervorgewürgter oranger Flüssigkeit, die er bei Störung abgibt (Reflexbluten).

Frits lacht verschmitzt: »Normalerweise ist eine Woche Aufenthalt in der Brenne lang genug, um einen Schlangenadler beobachten zu können. Bon – Gut! Alles, was hier in der Brenne an Artengemeinschaften existiert, könnte heute auch im Norden der Niederlande und Deutschlands existieren. Ich habe lange darüber nachgedacht, warum die meisten Arten verschwunden sind. Sicher spielen Landschaftsveränderung wie die Trockenlegung der Feuchtgebiete und die Jagd eine große Rolle. Aber ich denke, dass insbesondere die Nitratanreicherung die Hauptursache für den Rückgang der Artenvielfalt ist.«

Nitrate sind Salze und Ester der Salpetersäure und gut löslich in Wasser, so dass ihnen in der Ernährung von Pflanzen eine wichtige Rolle zukommt. Sie kommen als Dünger in der Garten- und Landwirtschaft zum Einsatz. Über Düngung von Gemüse, gerade auch durch den Einsatz von Gülle, aber ebenso über die leicht zugänglichen »Kunstdünger« der Bau- und Gartenmärkte, gelangt so ein Zuviel an Nitrat ins Grundwasser. Nitrat kann durch Umwandlung zu Nitrit eine

schädliche Wirkung für den menschlichen Organismus entwickeln.

Auf der anderen Seite sind viele Wildpflanzen imstande, diese Form der Stickstoffverbindungen für sich zu nutzen und sie an manchem zuvor armen Standort konkurrenzstärker gegenüber anderen Arten werden zu lassen. Außerdem kann es dazu führen, die wenigen übrig gebliebenen Arten in ihrem Bestand zu stärken und die einzelne Pflanze zu vitalisieren, so dass diese wehrhafter gegenüber zum Beispiel Schmetterlingsraupen werden. Im Endeffekt führt dieses zu einer Verarmung des gesamten Landschaftsbildes.

Während wir das Haus verlassen, um den Rundgang übers Anwesen anzutreten, erzählt Frits uns davon, dass Menschen, die ihn das erste Mal besuchen, verwirrt seien ob der gewaltigen Vielfalt, die sie hier erleben würden. Auffällig sei das Waldbild am Rande der Wege: Flechten überziehen jeden Quadratzentimeter der Bäume, auch schon der ganz jungen Stämmchen. Eng stehende Bäume und Flechten lassen einen Einblick von höchstens fünf bis zehn Metern ins Waldesinnere zu. Die extrem gute Luftqualität sei dafür verantwortlich. Nirgends im europäischen Flachland ist die Luft reiner als in der Brenne, und die Flechten mit ihrer hohen Empfindlichkeit gegenüber Luftverschmutzung zeigten diese Qualität auf. Die Arten, die wir hier erlebten, seien kein Resultat des milderen Klimas. Das Mittelmeer sei noch weit weg. Die Winter machten hier genauso mit Schnee, Eis und Tiefsttemperaturen ihre Aufwartung wie nördlich der Alpen.

Dem Tipp eines wahren Freundes folgend und um dem drohenden Verlust der Artenvielfalt selbst dieses Paradieses vorzubeugen, entschied sich Frits zur Haltung des französischen Salers-Rinds, eigentlich einer alten Rinderrasse der Hochlagen. Die französische Regierung, die für dieses Gebiet einen Kompromiss aus landwirtschaftlichem Profit und Ökotourismus suchte, entschied sich in den 1950er-Jahren für eine neue, ertragreiche Rinderrasse, das Charolais. Die zuvor in der Brenne ansässige Rinderrasse starb darüber aus. Unter dem Regime der schweren und weniger nomadisch veranlagten, auf erhöhte Fleisch- und Milchproduktion gezüchteten Charolais begann die Umwelt, sich negativ zu verändern. Das leichtfüßige, nomadische Bergvieh hingegen ließ zu, dass sich ein Teil der Landschaft wieder erholte.

Und uns ermöglicht es, eine Feuchtwiese zu betreten, die um diese Jahreszeit in voller Blüte steht. Rund 30.000 Exemplare des Lockerblütigen Knabenkrauts, einer violett blühenden Orchidee, stechen dabei besonders ins Auge. Im Weidezaun

»Ich wollte wie Orpheus singen,
dem es einst gelang,
Felsen selbst zum Weinen zu bringen
durch seinen Gesang …«
Reinhard Mey

links | Der Kalifornische Mohn Eschscholzia oder Schlafmützchen

rechts | Die »lentekoningin« (Frühlingskönigin)

drumherum herrscht Netzspannung, der Einfachheit halber vom gängigen Hausstrom abgeleitet. Der hochgewachsene Guido krabbelt unter dem Zaun hindurch, um bessere Fotos schießen zu können. Während Frits mir erklärt, dass das Knabenkraut zuvor etwas weiter südlich vorkam, passiert es: Guido bekommt Kontakt. »Autsch!«

Andere Orchideenarten wie der Echte Zungenständel gedeihen hier in ähnlich hoher Zahl. Obwohl diese Art zuvor nur im Mittelmeergebiet beheimatet war, avancierte sie schnell zum »Paradepferdchen« der ganzen Region. Zahlreiche weitere Pflanzenarten kamen vor der Aufnahme der extensiven Landwirtschaftsform hier nicht vor. Zu Frits Strategie gehört es, die Flächen bis Ende Juni nicht zu mähen und anschließend nur sporadisch bis zum Spätsommer mit dem Bergvieh zu beweiden. Das Ergebnis ist überzeugend. Frits nennt es liebevoll »Arten wieder zurückgeben«!

Während wir unter mehrhundertjährigen Flaum-, Stiel- und Traubeneichen wandeln, in denen Schleiereulen, Hirschkäfer und Hornissen leben, gewährt uns Frits einen kurzen Einblick in die Naturschutzgeschichte. Ein erster Erfolg stellte sich Anfang der 1990er-Jahre in der Forstwirtschaft ein. Frits schüttelt mit dem Kopf. Er kann noch immer kaum glauben, wie viel Mühe es kostete, in die Köpfe nicht nur der Politiker, sondern auch der Bevölkerung zu bekommen, dass alte Bäume und sogenanntes Totholz die dynamischen Prozesse im Wald ankurbeln – und viele haben es bis heute nicht verstanden. Bevor die im alten Holz enthaltenen Nährstoffe durch Abbauprozesse eine Stufe weiter im Kreislauf rücken, profitiert noch eine Vielzahl von Lebewesen wie Spechte, Käfer und Pilze davon. Totholz ist also lebensnotwendig. Spechte finden ihre Nahrung und bauen ihre Bruthöhlen darin, und selbst Wildbienen siedeln in alten, trockenen und sonnenbeschienenen Stämmen.

Am Himmel über uns kreist ein Wespenbussard. Haussperlinge brüten hier noch in selbstgebauten Gemeinschaftsnestern zu 4–5 Brutpaaren in Bäumen, womit sie ihre Verwandtschaft zu den Webervögeln unter Beweis stellen. Kuhreiher begleiten das Weidevieh, auf seinem Rücken balancierend oder zwischen seinen Beinen nach Insekten jagend. Frits erklärt sie als Neulinge, die es erst vor zehn Jahren hierher verschlagen hat. In Deutschland und den Niederlanden werden die Haustiere so voll Medikamente gepumpt, dass sich von vornherein keine sogenannten Parasiten in und an ihnen halten können und somit auch ihre Nutznießer leer ausgehen müssen.

Frits bleibt stehen und verweist auf einen Orpheusspötter, der im nahen Wildrosenbusch sitzt und von dort sein gewaltiges Repertoire an Imitationen vorträgt. Uns erinnert er an Frits, wie er da klein und eher unscheinbar doch mit seiner Durchschlagskraft überrascht. Frits und Orpheusspötter sind zwei seltsame Vögel, die, polyglott begabt, viele Sprachen sprechen und sich an verschiedenen Orten durchzusetzen vermögen. Und sich im Land seiner »sturen Franzosen«, wie Frits sie nennt, durchgesetzt zu haben, zeugt noch einmal von besonderer Leistung und kann das Schlechteste nicht sein!

Modellregion Arche

Jedes Ei hat seine Form. Jedes Huhn hat seine Eigenarten. Und im Laufe seines – hoffentlich langen – Lebens ändert sich sein Legerhythmus: Größe und Anzahl seiner Eier werden bestimmt durch seine Herkunft, Umwelt und Lebensdauer. Was bleibt ist einzig die leidige Frage nach dem, was zuerst da war: Huhn oder Ei, Biene oder Blüte, Blatt oder Wind?
Das Ei ist nur eines jener Wunder, die der Resthof hervorzubringen vermag und die Neubesitzern die Gelegenheit zur Wahrnehmung geben. Das Leben arbeitet, entwickelt und verändert sich meist in einem langsamen, aber stetigen Rhythmus. An dieser Stelle erhalten verloren geglaubte Haustierrassen ihre zweite Chance. Aus den vielen unterschiedlich gefärbten und geformten Eiern auf den Resthöfen dürfen heute wieder Ostfriesische Möven, Westfälische Totleger und Bergische Schlotterkämme schlüpfen.

»EVOLUTIONSWAHNSINN EI«

*Du nennst dich einen Teil und stehst doch ganz vor mir?
Bescheidne Wahrheit sprech ich Dir.*
Goethe

40 Kilometer am Tag, so schätzt man, reist der Frühling nach Norden – und wir mit ihm auf unserem Rückweg nach Deutschland und zu den Hühnern des Herrn Sörensen. Sie sind sein ganzer Stolz. Die Hühner seines Herzens sind Bantamhühner und stammen ursprünglich aus Java, wie überhaupt alle Formen des Haushuhnes einmal aus dem asiatischen Raum kamen. Jede seiner Hennen legt jeden zweiten Tag ein Ei. Normalerweise für den menschlichen Verzehr. Doch die letzte Vollmondphase hat alles verändert. Die Eier sind befruchtet, so viel steht fest. Herr Schwen Sörensen hat sie mittels sogenannter »Schierlampe« im Gegenlicht geprüft. Bei seiner Rasse kann er ab dem fünften Tag bereits ein empfindliches Netz aus Adern sowie die Augen der künftigen Küken erkennen. Aber er weiß auch, dass erst das Zusammenspiel von Henne, Hahn, Ei und Mond den gewünschten Erfolg verspricht. Denn erst mit dem Mond erklären sich seine Hennen bereit, fest auf ihren Eiern sitzen zu bleiben. Rund 21 Tage später beginnt das große Schlüpfen. Doch bis dahin offenbart sich der ganze »Evolutionswahnsinn Ei« – wenn auch die Schale darüber schweigen mag.

Kein Ei gleicht dem anderen – gegen jedes Vorurteil. Doch alle Vogeleier bestehen aus Schale, Dotter, Eiklar, Hagelschnur, Luftblase und Oberhäutchen. Die Schale kennzeichnet seit 2004 ein fast individueller Farbstempel, der in einer Zahlen- und Ziffernreihe zumindest die Adresse des Legehuhnes verrät und ob es sein Leben auf einem Biobauernhof, auf einem Hof mit Freilandhaltung oder nur in einem Stall verbringen darf.

Das Ei verfügt über ein hohes Maß an Stabilität. Die nur rund 0,4 Millimeter starke Wand besteht aus dem sehr festen Mineral Calciumcarbonat. Die gebogene Schalenform und die dichte Anlagerung der stäbchenartigen Kristalle optimieren seine Druckfestigkeit. Ein Ei bildet dabei ein fast abgeschlossenes System – aber eben nur fast. Die Schale lässt den Sauerstoffaustausch mit der Außenwelt zu. Und bereits vor dem Schlüpfen stehen Küken und Glucke in Stimmkontakt zueinander. Gerade einmal 24 Stunden benötigt die Eizelle auf ihrem Weg vom Eierstock bis zum fertigen Ei im Nest. Küken schlüpfen daraus, wenn die Eizelle auf ihrer Passage durch den Eileiter in einer eigens dafür vorgesehenen Ausbuchtung durch das Hahnensperma befruchtet wurde. Auf die Eier der Bantamhühner von Herrn Sörensen trifft das alles zu.

Eier, im Besonderen Hühnereier, gehören seit langem aufgrund des Geschmacks-, Farb- und Formerlebnisses, seiner Haltbarkeit und seines ausgewogenen Nährstoffgehaltes zu den besonders beliebten Nahrungsmitteln des Menschen. Bei einer Umfrage zu deutschen Frühstücksgewohnheiten gehörte das Aufklopfen des Frühstückseies sicher ganz nach oben auf die Hitliste. Doch ist das herkömmliche Hühnerei in Verruf geraten, wenngleich die meisten Lebensmittelexperten inzwischen das oft als Cholesterinbömbchen und Salmonellenträger verpönte Hühnerei seiner wertvollen Inhaltsstoffe wegen wieder empfehlen. Eiweiß, Mineralstoffe und Vitamine, mehrfach hoch ungesättigte Fettsäuren und Lecithin machen

vorherige Doppelseite und rechts | »Wachwechsel«: Hartmut Heckenroth und seine »Ramelsloher Hühner«

besitzt heute noch diese Gelegenheit? Das entspricht haargenau der modernen Philosophie vieler neuer Hofbesitzer, die lieber einen Kuscheltierhof unterhalten wollen anstelle eines Bauernhofes im herkömmlichen Sinne.

DIE KATE IN PRETEN

Die Bantamhühner des Herrn Sörensen in Hamburg und 80 Kilometer Fahrstrecke in östlicher Richtung liegen hinter uns und wir erreichen den kleinen Ort Preten im Biosphärenreservat Niedersächsische Elbtalaue. Dort steht ein niedriges Fachwerkhaus, dessen Front Weinranken verkleiden. Kotten, Koten, Kothen, Köten oder Katen, wie diese Häuser mit wenig Grundbesitz genannt werden, wurden im Spätmittelalter und der frühen Neuzeit gebaut und stellten einfache Wohn- oder Arbeitsstätten dar, unter deren Dach Menschen und auch Haustiere gemeinsam wohnten. Vor allem Rinder und Schweine erzeugen viel Wärme, von der die Menschen im Winterhalbjahr profitierten.

Über eine Million Fachwerkhäuser sind bis heute in Deutschland erhalten geblieben. Dabei überdauerten sie zwei Weltkriege. Von der ersten Hälfte des 12. Jahrhunderts bis weit hinein in das 19. Jahrhundert beherrschten sie das Bild in Mitteleuropa, stets unter epochalen und regionalen Abwandlungen. Genügend Holz und Lehm für die notwendigen Zwischenräume waren vorhanden. Ganz ohne Nägel aus Metall stehen die einstigen Katen immer noch und werden wohl auch noch die kommenden Jahrhunderte überdauern, wenn alles gut geht – vielleicht am Ende den Menschen selber. Welche moderne Architektur kann das von sich behaupten?

links | Das »Bantamhuhn« stammt ursprünglich aus Java, wie überhaupt alle Formen des Haushuhnes aus dem asiatischen Raum kommen.

es zum nahezu unverzichtbaren Nahrungsmittel. Und gerade das Miterleben von der Fütterung übers Eierlegen bis hin zum Aufschlagen des Frühstückseies im eigens dafür geschaffenen Eierbecher liegt voll im Trend. Eier geben außerdem die Möglichkeit, an ein Nahrungsmittel zu gelangen, ohne ein Tier dafür zu töten.

Ich bin beispielsweise mit Rhodeländer Hühnern aufgewachsen. Obwohl wir nicht auf dem Land wohnten, praktizierte man auch in den Großstädten wie dem Hamburg der 1960er-Jahre ein Stück weit die Selbstversorgung. Zwar noch wackelig auf den Beinen, konnte ich es kaum abwarten, in den Gartenauslauf zu den Hühnern zu kommen, um sie mit absichtlich viel übrig gelassenen Mittagsresten zu füttern – welches Kind

rechts und nächste Seite | Die Storkenkate und vier junge Weißstörche auf dem Horst als Ergebnis des Förderprogramms der »Stork Foundation – Störche für unsere Kinder«.

Mit raffinierter Methode wurde ihr Holz verzapft und mit Holznägeln verbunden. Leicht konnten da schon einmal viele Tausend Meter Holz in einem einzigen Haus verarbeitet werden. Und das Schöne am Fachwerk ist, dass man dieses anschließend über die Innen- und Außenarchitektur auch zu sehen bekommt.

In einem Fachwerkhaus an der Deutschen Märchenstraße in Nordrhein-Westfalen geben die alten Pfetten (waagerechte Träger in einer Dachkonstruktion) aus Eibenholz von einem Meter Durchmesser Aufschluss darüber, wie es einst um die Pflanzenwelt bestellt war. Ganze Forste wurden unter der Prämisse angelegt, sie nach vielen Jahrzehnten zu einem bestimmten Zweck ernten zu können. Die sogenannten »Furniereichen« sind ein gutes Beispiel hierfür. Eichen wurden als spätere Mastbäume gesetzt, wie auf dem ehemaligen 50-Pfennig-Stück zu sehen war, werden jedoch heute als Bauholz genutzt. Man hatte keine Vorstellung davon, dass sich einmal die Ansprüche der Gesellschaft so radikal ändern würden.

Neben der wohnlichen Qualität bei Bezug eines Fachwerkhauses kommt der Vorteil hinzu, dass auch die gefürchteten »Holzschädlinge« ausbleiben (also Tiere und Pilze, die die Substanz zu ihrer eigenen Ernährung nutzen) – solange das Holz des Fachwerkes schön trocken bleibt. Auch die befürchteten Mehrkosten bei Versicherungen bleiben heute meist aus. Und bei Neubau eines Fachwerkes belaufen sich die Kosten geradeeinmal auf ein Plus von ca. 10 Prozent gegenüber einer herkömmlichen Bauweise.

Die Storkenkate steht in ein kräftiges Licht getaucht und die Rosskastanien und Fliedersträucher in den Vorgärten stehen in voller Blüte. Vor dem Haus begrüßen uns Angelika Hoffmann und Hartmut Heckenroth, der als ehemaliger Leiter der Staatlichen Vogelschutzwarte Niedersachsen und heutiger Vorstand der »Stork Foundation – Störche für unsere Kinder« nun der Leidenschaft frönt, alte Haustierrassen zu erhalten und zu fördern. Angelika Hoffmann unterstützt ihn darin. Hartmut Heckenroth knüpfte als Initiator der Arche-Region Amt Neuhaus schon vor Jahren erste Kontakte zu den umliegenden Höfen. Aufgefallen waren ihm die vielen schönen alten Elbtalhöfe, die zwar viel Platz boten, deren Ställe aber häufig leer standen. Seine Idee war, seltene Haustierrassen zu vermitteln, also zum Beispiel ein stattliches

Vorwerkhuhn anstelle eines Hybridhuhnes vom Verkaufswagen.

Doch am Anfang stand das vorsichtige Abtragen der alten Bauernkate an anderer Stelle und der sensible Wiederaufbau vor Ort. Im Jahr 1999 wurde das hübsche Gebäude von Neuhaus an der Elbe ins fünf Kilometer entfernte Preten transloziert (umgesetzt) und auf eine Findlingsreihe gestellt. Im Rahmen der Dorferneuerung wurden ums Haus ein Obstbaumbestand erhalten und ergänzt sowie ein Bauerngarten neu angelegt, von einem stilgerechten Staketenzaun eingerahmt, und das Büro der Stiftungsidee »Störche für Kinder« eingerichtet.

Das Fachwerkgebäude wurde vor 1695 (erstmals erwähnt) gegenüber dem damaligen Hospital in Neuhaus errichtet. Vom Jahr 1749 bis in die Gegenwart sind seine Eigentümer namentlich festgehalten. Im Jahr 1798 wurde das Gebäude auf eine unweit entfernte »Hausstelle in den Sandbergen« an der Bahnhofstraße Nr. 6a, Ecke Alte Molkereistraße transloziert. Dieses interessante Gebäude gilt als sehr seltenes und gut erhaltenes Exemplar eines ländlichen Handwerkerhauses und stand in der DDR unter Denkmalschutz.

Das Steildach mit Krüppelwalmen ist mit alten Handstrichziegeln und die Grate sind mit Schieferplatten gedeckt. Die Ausfachung besteht in den oberen Gefachen (Füllungen) aus Lehmziegeln, in den unteren aus Backstein, beide jeweils mit Lehmputz beziehungsweise Lehmanstrich versehen. Die zweiflügelige Haustür, die dem 18. Jahrhundert zugeordnet wird, führt im Fachhallenhaus direkt in die hausmittige sogenannte »schwarze Küche«, die heute in Küche und Flur geteilt ist. In der schwarzen Küche wurde noch auf offenem Feuer gekocht, daher wurde sie auch gern als »Rauchküche« oder »Rauchstube« bezeichnet. Gleichzeitig wird die Bezeichnung »schwarze Küche« aber auch für fensterlose Küchenräume gern verwendet.

In der damaligen Zeit wurden sicher auch viele der regional typischen Rezepte entwickelt und genutzt. Die Voraussetzungen dafür waren endlich mit der Entwicklung von bestimmten

rechts | Apfelblüte und Birnenfrucht 'Gellerts Butterbirne', eine alte Sorte. Zur geförderten Vielfalt gehören Haustiere genauso wie alte Obstsorten und landschaftliche Strukturen.

Küchentypen, Feuerungsmethoden, Räucher- und Backöfen, Aufbewahrungsorten und -methoden und nicht zuletzt den regionalen Produkten geschaffen.

Vom Flur der Storkenkate führt nun eine Tür mit kleinem ovalen Glasausschnitt in die »Dönz«, die durch Hinzunahme zweier ehemaliger Kammern zu einem Seminarraum vergrößert wurde. Als Dönz werden heute noch gern kleine Räume niedersächsischer Bauernhäuser bezeichnet, die hinter der üblichen großen Diele liegen. Die Diele ist der Hausflur, von dem sich die anderen Räume ableiten. In der Ableitung vor der Dönz wurde an

offener Feuerstelle gekocht und sich gewärmt und die Familie fand sich hier zusammen. Eigentlich haben wir es hier also mit dem Vorläufersystem der heute so begehrten »Wohn-Küche« zu tun.

Durch die einflügelige Giebeltür mit Glasausschnitt am jetzigen Südgiebel der Storkenkate betrat man dann eine zweite schwarze Küche, deren Decke schließlich heruntergezogen wurde, um im Obergeschoss Gästezimmer einbauen zu können. Heute befindet sich in dieser ehemals zweiten schwarzen Küche eine Ausstellung, die über die Situation des Weißstorches und den Zweck und die Ziele der Stiftung informiert.

Die kleine Storkenkate besitzt ein Nebengebäude, eine sogenannte »Remise« – ein ehemaliges Wirtschaftsgebäude aus dem neun Kilometer entfernten Nachbarort Stapel. Es wurde zwei Jahre nach dem Hauptgebäude an seinen neuen Platz verbracht. Das Gebäude, zuletzt als Stall und Scheune genutzt, wurde zwischen 1702 und 1795 auf der »Halbhufe« Stapel Nr. 13 errichtet. Die Bezeichnung Hufe und Halbhufe rührt von der jeweiligen Flächengröße des Bauernhofes her. Die Bewirtschaftung der ursprünglichen Kotenstelle ist ab 1693 nachgewiesen. Seit 1702 sind die Namen der Eigentümer bekannt. Die Hausinschrift des noch bis 1947 stehenden Hofes wies den »27. Juny 1795« aus – die Zeit also, als Goethe und Schiller vermutlich in der Sonne saßen und sich lange Briefe schrieben – am Ende des Zeitalters der Aufklärung. Neben dem Fachwerk fand auch das alte Baumaterial – Fachwerk, Backsteine verschiedener Ausmaße und alte Handstrichziegel – in Preten seine Wiederverwendung. Das Gebäude dient heute, natürlich mit sanitären Anlagen versehen, im Obergeschoss Jugendgruppen und Studierenden als Nachtquartier. Im Erdgeschoss ist der Schlechtwetterunterstand für die Schulbusnutzer und Radwanderer untergebracht.

Vor der Storkenkate wurde ein Bauerngarten mit Buchsbaum-Beeteinfassungen und historischen Rosensorten sowie Küchen- und Heilkräutern angelegt. Aufgrund des ungewöhnlichen Grundstückzuschnittes und der Lage der Kate

links oben | »Deutsches Reichshuhn«: Küken

links unten | Großspitz »Bruno«, der Filmstar

rechts | »Deutsches Reichshuhn«: Hahn mit kleinem Kamm

liegt der Bauerngarten nicht direkt am Haus. Die Wegeachse des Bauerngartens wurde deshalb auf die Hausecke zuführend gelegt. Inzwischen wurde der Bauerngarten an der Storkenkate nach Planung von Hartmut Heckenroth im Rahmen der Dorferneuerung von Gärtnern der Firma Storck angelegt und als »beispielgebende Gartenanlage« durch die Bezirksregierung ausgezeichnet.

HAUSTIERE MIT GESCHICHTE

Von der Storkenkate aus lenken Hartmut Heckenroth und Angelika Hoffmann die Geschicke des Projektes Arche-Region. Um als Arche-Region anerkannt zu werden, müssen sich mindestens vier tierhaltende Betriebe zusammenschließen, die nach der Roten Liste der GEH (Gesellschaft zur Erhaltung alter und gefährdeter Haustierrassen e.V.) gefährdete Rassen halten. Gleich hinter dem Bauerngarten der Storkenkate leben zum Beispiel Poitou-Esel und Ramelsloher Hühner bei Frau Ute Hennings. Deutschlandweit mussten 110 alte Haustierrassen auf die Rote Liste. Davon leben derzeit 49 im Bereich der Elbtalaue. Das entspricht dem fünfundvierzigsten Teil aller in Deutschland verbreiteten Rassen, mit der Ausnahme der fünf auf die Berg- und Vorgebirgsregionen beschränkten Tiere. Entsprechend kommen heute wieder 45 Prozent der in Norddeutschland gefährdeten Rassen, Vogel- und Säugetierarten zusammengenommen, allein in der Elbtalaue rund um Preten vor. Diese Tiere sind auf aktuell über 80 Halter verteilt. Ein stolzer Erfolg!

Und die Arche-Region Amt Neuhaus – Flusslandschaft Elbe und die Zahl ihrer Freunde wächst zusehends.

Auf die »Rote Liste der bedrohten Nutztierrassen in Deutschland« der GEH wurden auch Rassen anderer Länder gesetzt, wenn mehr als 10 Prozent des Weltbestandes in Deutschland zu Hause sind. Ein Beispiel ist das Englische Parkrind, das auf dem Hof Groß Banratz der Familie Rosenberg gezüchtet wird.

An dieser Stelle sei schon einmal vermerkt, dass Guido und ich uns schwer in der Beschreibung rassetypischer Merkmale tun. Denn zum einen wäre in diesem Buch gar kein Platz dafür. Und zum anderen meinen wir, dass sich die Eigenschaften eines Individuums aus deutlich mehr zusammensetzen als nur aus Art und Rasse, sondern eher einem Gemisch entsprechen aus angeborenem Inventar und Erlerntem, also aus Prägung und Umwelteinflüssen, sprich: Erziehung. Mit Begriffen wie »klares Auge«, »geschlossener Mittelhand« oder »mäßig geneigter Kruppe« beim Pferd oder »Habitus« und »Gebäude« beim Hund können wir nichts anfangen. Das sind eben nur die äußeren, sichtbaren Auffälligkeiten. Doch der Schwarze Großspitz »Bruno« auf dem Biohof Niederhoff begeistert uns über seine ausgeprägte Persönlichkeit.

Vermutlich hat diese Hunderasse, die Hartmut Heckenroth dem Bauern Hans-Jürgen Niederhoff als wachsamen Hofhund vermittelt hat, ihren Ursprung in Württemberg. Die Geschichte erzählt, dass der aufmerksame Hund die Trauben der Rebstöcke Tag und Nacht bewachte. Seine dunkle Fellfarbe soll ihm dabei zugute gekommen sein – um den »Überraschungseffekt« auf Traubendiebe zu verstärken. Diese Spitze besitzen ein doppeltes Haarkleid, dessen weiche Unterwolle vor Kälte und Hitze schützt. »Spitz pass auf« ist zum Sprichwort geworden und beschreibt seine genetisch bedingte Aufmerksamkeit. Möglicherweise reicht die direkte Abstammungslinie des Großspitzes noch weiter zurück als bisher angenommen, so dass sie sich sogar bis auf den steinzeitlichen sogenannten Torfhund zurückführen lässt. Wer weiß?

Die alte Rasse dieser Spitze erweist sich als robust und charakterlich ausgeglichen. Jedoch bleibt am Ende immer die Frage, ob sich solche Hunde nun entsprechend dem Charakter ihrer Halter entwickeln oder ob sich die Menschen entsprechenden Charakters das Pendant im Hund wählen (»Wie der Herr, so das Geschirr«). Am Ende und der Genetik entsprechend könnte es aber auch so sein, dass alle Beteiligten unabhängig voneinander ihren ganz persönlichen Weg nebeneinander hergehen und nur ab und an ein Stück gemeinsamen Weges teilen.

Wie auch immer: Da sie als Rasse keine Verwendung mehr fanden, erklärten sich nur noch wenige Menschen bereit, den dunklen Großspitz zu halten. Das führte allmählich dazu, dass er in seinem Bestand stark abnahm und bis heute auf der Roten Liste der GEH als »extrem gefährdet« eingestuft steht. Erst allmählich finden sich wieder Menschen, die sich um seinen Erhalt bemühen. Weitere Interessierte, die wirklich gute Voraussetzungen mitbringen, werden händeringend gesucht!

Es sei hier erwähnt, dass der Mittelspitz – diesem hat wohl Wilhelm Busch bei Max und Moritz im zweiten Streich Aufmerksamkeit bescheinigt – als »stark gefährdet« auf die Rote Liste genommen werden musste.

MUFFELN FÜR DIE VIELFALT

Wir steigen zu Hartmut Heckenroth in den Wagen und machen eine Tour über die Dörfer. So lernen wir auch hinreißende, schon fast in Vergessenheit geratene Leinegänse, Moorschnucken und Deutsche Reichshühner kennen. Zu allen fallen ihm skurrile Geschichten ein. So erzählt er von Hühnern, die einen Rechtsverstoß begehen, nur weil sie am Ende des Weges anstatt rechts abzubiegen nach links laufen. Der Hintergrund:

rechts | »Guteschafe« – eine der ältesten, noch verbliebenen Schafsrassen der Erde.

Die Hühner bewegen sich auf einem Weg, der genau zwischen zwei Bundesländern verläuft. In Niedersachsen besteht in fünf Monaten des Jahres eine »Aufstallpflicht«, in Mecklenburg-Vorpommern nicht. Für fünf Monate im Jahr in der Zeit der stärksten Vogelzugaktivität soll es darum gehen, durch Stallhaltung das Infektionsrisiko mit dem Vogelgrippevirus zu vermeiden. Das heißt auch, dass die Hühner einen Rechtsverstoß begehen, die in dieser Zeit nach Niedersachsen einbiegen.

Ewig unter Zeitdruck muss Hartmut Heckenroth als Erstes seine Post loswerden und verschiedene Telefonate erledigen. Die Telefonate werden später am Tag geführt, die Post wird kurzerhand der Fahrerin des Postwagens in die Hand gedrückt – dass das funktioniert, stellt noch einen Unterschied zwischen Stadt und Land heraus.

»Egal kann mir nie ein Argument sein«, sagt Hartmut Heckenroth. Gemeint sind damit die vielen Hofbesitzer, die Haustiere wie Hühner und Schafe unbekannter Herkunft halten und die auf seine Nachfrage hin antworten, die Herkunft sei ihnen egal. Er entgegnet diesen dann, wenn es ihnen egal sei, werde er ihnen in den nächsten Tagen einen Ramelsloher Hahn oder einen Widder der Rasse Rauwolliges Pommersches Landschaf vorbeibringen.

Ganz allmählich werde im nächsten Schritt auch die weibliche Belegschaft der Hühner und Schafe ausgewechselt, nachdem die Vorgängerinnen dem Kochtopf zugeführt wurden. Denn seien wir ehrlich: Der Hunger der Menschheit hat die meisten der schönen Rassen hervorgebracht – und ihre heutige Sättigung diese wieder an den Existenzrand. Darum lautet auch eine Devise Heckenroths und Hoffmanns: »Schützen durch Nutzen. Eier, Milch und Fleisch der Tiere sollen genutzt werden. Daher ist Aufessen der beste Schutz.«

In Zeiten nur weniger, dafür aber spezialisierter Hochleistungsrassen ist die Befürchtung groß, die genetische Vielfalt bliebe auf der Strecke. Viele der alten regionalen Rassen zeichnen sich vor allen Dingen durch ihre hohe Widerstandskraft aus bezogen auf Klima, Wetter, Krankheiten etc. Oft sind sie besonders fruchtbar, da die Menschen früher Wert auf eine hohe Vermehrungsrate legten. Und sie haben sich über Generationen an den jeweiligen Standort anpassen können – mit Hilfe menschlicher Selektion.

Die GEH hat errechnet, dass jede zweite Woche irgendwo auf der Erde eine Nutztierrasse ausstirbt. Auch in Deutschland sind bereits einst gut verbreitete Nutztierrassen für immer verloren gegangen, so zuletzt 1975 das Deutsche Weideschwein. Sein Name verrät das Offensichtlichste: Über Jahrhunderte und Jahrtausende lebten Hausschweine in der Nähe des Menschen unter Freilandbedingungen, nutzten die Eichelmast, lebten von dem, was der mit dem Rüssel umgebrochene Boden so hergab und was an Abfällen aus dem Haushalt zusätzlich verfüttert werden konnte. Die Abschaffung der Allmende (freie Weidewirtschaft), der Bedarf an Intensivierung der Schweineproduktion, an Höchstleistungsrassen, schnellerem Wachstum bei verkürzter Kindheit der Ferkel und zusätzlichen Rippchen hat in ganz Mitteleuropa sukzessive den Weideschweinen die Existenzgrundlage entzogen. Vielleicht begann das Elend der Schweine mit der Umbenennung von Keiler zu Eber, von Bache zu Sau und von Frischling zu Ferkel. Im deutschen Sprachgebrauch werden besonders Begriffe wie der von Ferkel und Sau mit etwas Negativem assoziiert. Fast sarkastisch mutet es an zu denken, dass doch immerhin dem Deutschen Weideschwein die Intensivhaltung erspart geblieben ist …

Hartmut Heckenroth wird nicht müde, uns weitere Besonderheiten dieser Region zu erläutern. So fahren wir unter lang gezogenen Streuobstalleen entlang, bis am nahen Horizont die ersten der neuen Deiche auftauchen. Noch immer bedauert er die Entwicklung vor Ort. Anstatt auf die Elbe und ihre Kräfte zu vertrauen und die Auenbereiche des Hinterlandes mit den saisonalen Hochwassern mehrmals im Jahr speisen zu lassen, nimmt man ihr zusehends den Raum und träumt weiterhin von Vertiefung. Ohnehin hat die heutige Elbe nicht mehr viel gemeinsam mit dem Fluss vergangener Zeiten. Sie war der Strom der Sande und Sandsteine mit nur geringem Tiefgang. Immerhin geben die wenigen noch erhaltenen Reste Hoffnungsschimmer und senden einen Appell an die Vernunft. Denn sonst wird trotz aller Technik (oder gerade dank ihr) immer wieder mit Katastrophen zu rechnen sein.

Die Stiftung kaufte ab 1994 große Flächen Land entlang der Sude mit dem Ziel, eine naturnahe Kulturlandschaft zu erhalten und zu vermehren, entwässerte Feuchtwiesen zu renaturieren und Offenland unter anderem für den Weißstorch zu schaffen. »Ur«plötzlich kommt alten Haustierrassen, die selber schon gefährdet schienen, und Wildtieren ein ganz besonderer Stellenwert zu: Sie helfen, Ackerflächen wieder in Grünland umzuwandeln und ganzen Regionen neues Leben einzuhauchen. Erlebbare Landschaften spielen im sanften Natur-Tourismus eine zunehmende Rolle. Den vielen Naturtouristen ist es nicht zu erklären, dass im Biosphärenreservat Niedersächsische Elbtalaue nahe

links | »Ah!« – Einer der erhebendsten Momente des neuen Landlebens ist der Schluck frischer, selbstgemolkener Milch – hier vom Rotbunten Niederungsrind.

am Elbstrom riesige Biogasanlagen entstehen und der Anbau von Mais und anderen den Auenboden zehrenden Pflanzenarten die Landschaft entwerten.

Die regionale Vermarktung der Produkte im Sinne der Nachhaltigkeit steht hoch im Kurs. Da in den meisten Landschaften Deutschlands und überhaupt Mitteleuropas heute wilde Großtiere fehlen, können Haustiere über die Wiedereinführung der traditionellen Nutzungsformen einen Beitrag zur ökologischen Gesundung leisten. Den Huftieren kommt dabei die Rolle eines Katalysators zu, der die natürlichen Prozesse antreibt. Von der Beweidung, dem Offenhalten der Landschaft und der dabei anfallenden Dungproduktion profitiert ein ganzer »Hofstaat« verschiedenster Organismen. Entscheidend dabei ist, dass die Tiere leichtfüßig und mobil sind – haben doch die Standweide und das zu hohe Körpergewicht in der jüngeren Vergangenheit viel Schaden an Böden und Vegetation angerichtet. Wanderhirtentum und Schweinehut bewirken dagegen eine temporäre und lokal begrenzte Einflussnahme und erzeugen so ganz nebenbei eine Mosaiklandschaft von höchstem ökologischem und ideellem Wert. Blühende Pflanzenbestände stehen räumlich versetzt zu kurz gehaltenen Beständen in immerwährendem Wechsel.

Alles greift ineinander. Wenn alte Obst- und Gemüsesorten, Haustierrassen und Extensivbeweidung in unmittelbarer Umgebung von intakten Höfen auf kluge Menschen treffen mit Interesse an Nachhaltigkeit anstelle von »und nach uns die Sintflut«, dann kann Deutschland, kann ganz Mitteleuropa ein fantastischer Standort aus biologischer Sicht sein und verdient die Aufmerksamkeit ganz im Sinne von Konrad Lorenz und Horst Stern. Sie plädierten und plädieren dafür, das Auge des Betrachters nicht immer in die Ferne schweifen zu lassen und nicht nur aus Afrika oder Amerika zu berichten – denn das Gute liegt so nah.

DURCH DIE WÄLDER, DURCH DIE AUEN …
Johann Friedrich Kind

Der erste Hof, den Hartmut Heckenroth und wir anfahren, gehört Hans-Jürgen Niederhoff und liegt im Einzugsgebiet der Sude, einem Nebenfluss der Elbe. Hier ist ein kleines Paradies entstanden. Die »Niederhoff und Schulz Zuchtgemeinschaft GbR« beweidet hier schon mit Hilfe einer kleinen Herde Koniks (Pferde polnischen Ursprungs) und etwa 150 Heckrindern einen Teil umliegender Flächen. Heckrinder entsprangen der vor rund hundert Jahren entstandenen Zooidee von der Wiederherstellung einer ausgestorbenen Tierart, nämlich dem Ur oder Auerochsen – natürlich ohne Erfolg. Doch erinnerte man sich dieser Tiere, als es darum ging, große Landschaftsschutzgebiete möglichst kostensparend zu pflegen. Mittlerweile hat sich darüber hinaus eine etablierte Zuchtgemeinschaft entwickelt, die rein biologische Produkte erwirtschaftet. Das Projekt wird außer von der Stork Foundation auch über Grünlandförderungen und EU-Gelder gefördert. Die »Bio-Auerochsenmettwurst« wurde beispielsweise zum »Kulinarischen Botschafter Niedersachsens 2010« auserkoren. Auch wir dürfen kosten und meinen, die ganze Kräutervielfalt des Offenlandes herauszuschmecken. Dabei spielt auch der Schuss auf der Weide eine ganz wichtige Rolle. Die Tiere werden am Ende ihres Lebens nicht in ein Schlachthaus geführt, sondern auf der Weide aus der Herde geschossen. Die Stresshormone, die beim Fang und auf den Hänger verladen, bei Transport und Schlachthaus entstehen, würden den Geschmack des Fleisches negativ beeinflussen und alle Arbeit und das bis dato gute Leben der Rinder wären umsonst gewesen.

Die extensive Beweidung gestattet zahlreichen Wildtier- und -pflanzenarten ihr Auskommen. Arten des Offenlandes wie Neuntöter und Heidelerche profitieren durch sie genau wie die Brenndolde. Gleichzeitig finden alte Haustierrassen ihr

rechts | Koniks und Heckrinder im Einzugsbereich der Sude

Auskommen, verteilt auf verschiedenen Höfen wie dem von Bauer Niederhoff – Hof der ersten Stunde mit Auszeichnung, auf dem heute wieder Vorwerkhühner und Thüringer Waldziegen sowie Großspitz »Bruno« leben. Das Amt Neuhaus bildet den Kern der ersten anerkannten Arche-Region in Deutschland. Im Januar 2011 wurde den Vertretern der Interessengemeinschaft in Berlin auf der »Grünen Woche« die Anerkennungsurkunde im Beisein des amtierenden Umweltministers und des Landwirtschaftsministers von der Gesellschaft zur Erhaltung alter und gefährdeter Haustierrassen verliehen.

Die ehemalige Geographie-Studentin der Georg-August-Universität Göttingen Stefanie Opitz hat hier entlang der Sude in ihrer Masterarbeit die besonderen Lebensraumtypen »Brenndolden-Auenwiesen« und »Magere Flachland-Mähwiesen« in der Sudeniederung untersucht. Sie ging unter anderen den Fragen nach, wie die Auenlandschaft historisch genutzt wurde und inwieweit diese Erkenntnisse zur modernen Schutzkonzeption beitragen könnten. Vor allem aber stellte sie Überlegungen dazu an, welche spezifischen Maßnahmen zur Pflege des Auengrünlandes in Berücksichtigung der anderen unterschiedlichen Nutzungsansprüche abgeleitet werden sollten.

Die Elbtalaue in ihrer heutigen Topographie wurde entscheidend in der Zeit von vor 115.000 Jahren bis vor 11.700 Jahren geformt. Damals drückten Gletscherbewegungen und Schmelzwasserflüsse die Elbe in ihr Bett. Dabei nutzten die gewaltigen Wassermengen der abtauenden Gletscher der letzten Kaltzeit das anstehende Material der vorletzten, um der Elbe ihr Bett zu verschaffen. Anschließend wuchsen Auenböden einerseits und Wanderdünen andererseits. Noch heute, nach dem Raubbau an den Sanden, existieren Wanderdünen in Elbnähe wie die bei Stixe mit einer maximalen Flächenausdehnung von 9,5 Hektar; damit gehört sie zu den größten verbliebenen in ganz Mitteleuropa. Nur hat man auch sie inzwischen ihrer »Wanderlust« beraubt. Dennoch bildet die Stixer Düne einen wichtigen Lebensraum für seltene Pflanzen und Tiere sowie die Niederungsbereiche unter Elbeeinfluss – dem Untersuchungsgebiet von Stefanie.

In Stefanies Gebiet leben aber auch nicht weniger attraktive Arten. Allen voran die Gewöhnliche Brenndolde, ein Doldenblütler. Es handelt sich bei ihr um eine zwei- bis mehrjährige Pflanze, die ihre strahlend-weißen Blüten in bis zu 70 Zentimeter Höhe schaukeln lassen kann. Sie ist die Kennart einer ganz eigenen Gesellschaft, die sich durch besondere Standortansprüche auszeichnet. Die Brenndolde gilt in Deutschland als stark gefährdet!

Seit ca. 10.000 Jahren bestimmen periodische Hochwässer das Sedimentationsgeschehen der Aue, die zur Ablagerung von Flusssanden und Auenlehmen im Gebiet führten. Seitdem der Mensch die Landschaft nutzt, ist der Anteil der ursprünglichen Auenwälder stark zurückgegangen. Artenreiche Flusswälder mit ausladenden Stieleichen und Flatterulmen müssen hier einmal gestanden haben, wie sie noch in schmalen, flussbegleitenden Reststreifen oder als Solitärbäume auf dem heutigen Grünland zu erkennen sind.

Nicht weniger interessant sind jedoch die sogenannten Ersatzgesellschaften, die sich anstelle der gerodeten Auenwälder entwickelten. Eine besondere Bedeutung im Naturschutz kommt heute den charakteristischen Stromtalwiesen des Elbtals zu. Zu den typischen Stromtalpflanzen gehört Stefanies begehrtes Objekt: die Brenndolde. Sie ist in ihrem Vorkommen an die lokalklimatisch wärmebegünstigten Täler, an die wechselfeuchten bis wechselnassen Standorte der Auen angepasst. Typische Ausprägungen der »Brenndolden-Auenwiese« existieren in Niedersachsen nur noch an der Mittel-Elbe. Die Nutzungsintensivierung, -änderung und -aufgabe sowie die Eingriffe in die Überflutungsdynamik zählen zu ihren Hauptgefährdungsfaktoren. Da kommt die Niederhoff'sche Beweidung mittels Heckrindern und Koniks als richtige Pflegemaßnahme gerade recht – als Trendsetter in umgedrehter, positiver Richtung! Und die Idee von der Haltung alter Haustierrassen treibt weitere gute Früchte: nämlich Wiesen als labilen Lebensraum in der Schwebe zu halten! Und auch Stefanies Arbeit soll am Ende dazu beitragen. Wir hoffen, dass die Vernunft siegt und das Interesse an der Brenndolde und den anderen Spezialisten dieses außergewöhnlichen Standortes ihr Überleben sichern hilft.

SCHWEIN ZU SEIN BEDARF ES WENIG?
nach August Mühling

Im Verlauf unserer Fahrt über die Dörfer lernen wir weitere kuriose Haustierrassen kennen. So hat das Rotbunte Husumer Schwein, auch Dänisches Protestschwein genannt, auf dem Hof der Familie Rosenberg Einzug gehalten. Der seltsame Name rührt daher, dass es dänischen Bauern in Nordfriesland vor mehr als hundert Jahren untersagt war, ihre Nationalflagge »Dannebrog« (in der Bedeutung: dänisches Tuch) zu hissen. Kurzerhand züchteten sie Schweine in den Nationalfarben Rot und Weiß – als Protestreaktion. Die alte Rasse mit den breiten weißen Querstreifen und dem Ansatz eines weißen Längsstreifens auf rotbrauner Grundfarbe sind besonders robust gegenüber Klima- und Wetterschwankungen. Zudem neigen besonders die Eber zu starker Behaarung, was ihren Gesichtern einen markanten Ausdruck verleiht. Die Rasse schien zeitweilig verschollen und wurde erst vor rund dreißig Jahren zufällig wiederentdeckt. Seither versucht man konsequent die Erhaltungszucht auf Privatgrund und in Arche-Parks.

Über das neue Schwein von Welt dürfte wohl alles gesagt sein, oder? Nein, es ist nicht schmutzig, es ist reinlich, es ist intelligent, sozial begabt, zumindest gelehrig, gelehriger als ein Hund – oder dümmer, weil es sich mehr beibringen lässt ohne Gegenwehr? In diesem Jargon könnte man bis Kapitelende bleiben. Das wollen wir nicht tun.

Die Haltung von Schweinen erfreut sich inzwischen wieder großer Beliebtheit. Und wir meinen nicht etwa die Stall- oder Freilandhaltung, sondern die »Haushaltung«, wenn man so will. Denn seitdem Minischweine gezüchtet werden, bevölkern Tausende von ihnen die deutschen Kinder- und Wohnstuben. Neu ist dabei nicht der Gedanke des Verhätschelns. Mein Großvater hielt beispielsweise über Jahrzehnte stets zwei Angler Sattelschweine, die er tagtäglich gepflegt und gebürstet hat – bis sie den Weg aller Schweine gingen. Natürlich dienten sie dem Nahrungserwerb. Die Notwendigkeit aber übernahm der ortsansässige Schlachter und die Schweine kehrten als Kasseler, Sülze und Karbonaden zurück.

Doch was hilft dem Schwein seine Intelligenz, wenn sie unter der des Menschen liegt? – »Wilbur«, »Babe« und »Rudi Rüssel« sind den meisten Menschen ein Begriff, die mit Fernsehen aufgewachsen sind. Dort wird die meist verkannte

links | Stefanie Opitz inmitten des Frühjahrsaspektes der »Brenndolden-Auenwiese«

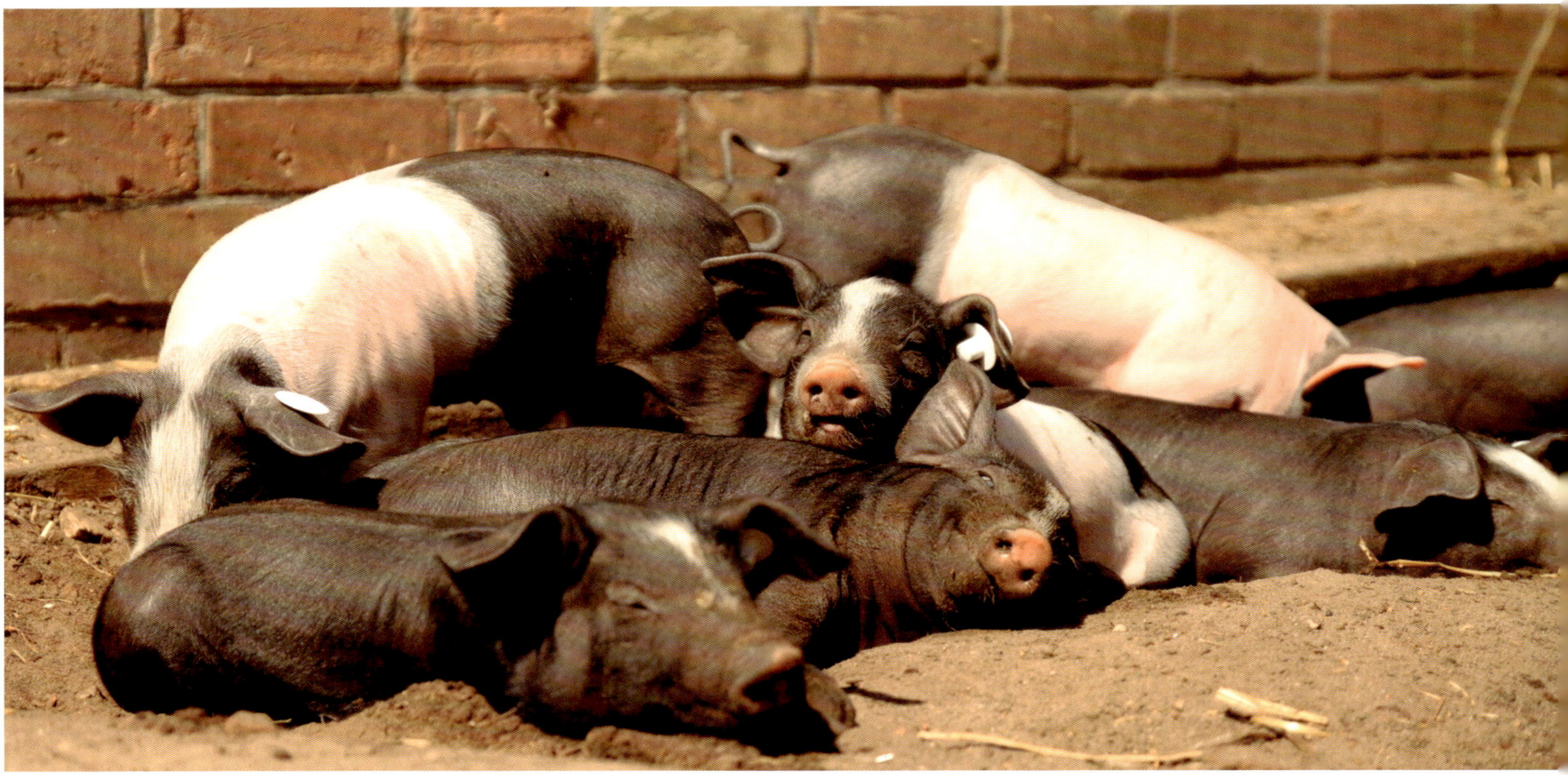

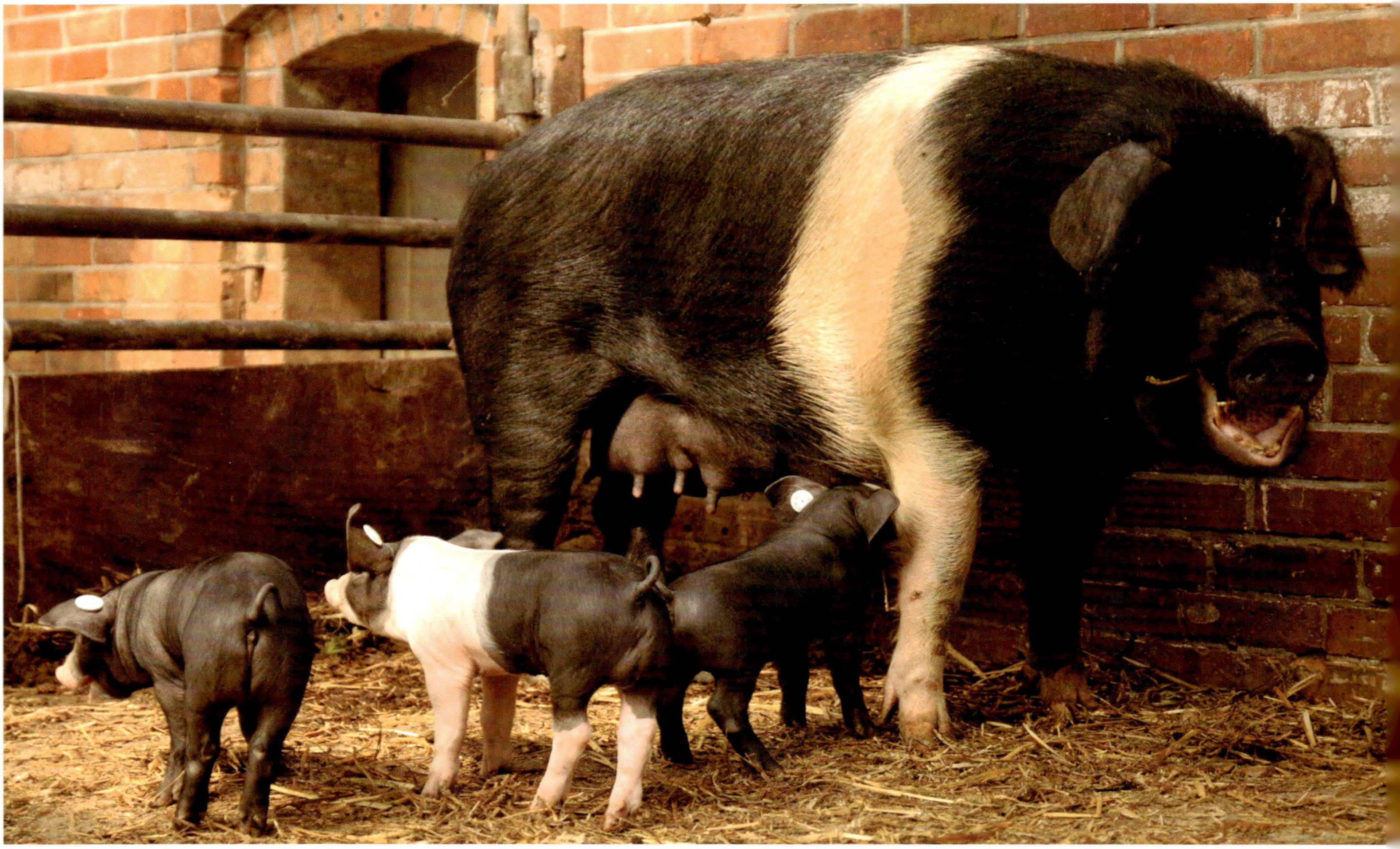

links | »Angler Sattelschweine« – seit 1926 in Deutschland herdbuchmäßig gezüchtet, seit 1937 als Rasse anerkannt und zeitweilig durch die veränderte Nachfrage der Verbraucher nach fettarmem Schweinefleisch stark rückläufig im Bestand

Intelligenz des Schweines – verdächtig oft – gepriesen. Die Wirklichkeit sieht anders aus. Nur wenige Menschen interessieren sich für das artgerechte Wohlergehen des Borstenviehs, das in der Regel sein kurzes Leben bis zur Schlachtreife in Gebäuden mit Kunstlicht verbringen muss. Das Schwein hat historisch gesehen einfach das Pech, möglichst effizient genutzt werden zu können – in sämtlichen Teilen von Schwarte, Augen, Nacken und Rücken über Bauch, Magen, Po und Blase bis hin zu Pfoten, Ohren und Schwänzen, die am Ende noch unseren Hunden als Beschäftigungstherapie vorgesetzt werden.

In der Produktionsmenge kommt Schweinefleisch in Deutschland gleich nach Milch und Ei. Tierische Produkte gelten grundsätzlich als sehr gute Quellen essentieller Aminosäuren (also lebensnotwendiger organischer Verbindungen) und vieler verschiedener Vitamine. Auch sieht die Quote von Schweinefleisch bezüglich der Energieeffizienz in der Futterverwertung nicht schlecht aus. Wir vermögen unterdes nicht abschließend zu beurteilen, was für das Schwein selber am günstigsten ist. Aus Sicht des Hausschweines spricht ganz sicher alles für die Freilandhaltung. So wie wir sie beispielsweise aus Spanien kennen, wo sich die Iberischen Schweine unter mächtigen Bäumen an den Eicheln der Extremadura gütlich tun; dort gibt es sie noch, die früher auch hierzulande genutzte Allmende.

Alles hat sein Für und Wider. Es hagelt ebenso Kritik an der Extensivhaltung wie wohl grundsätzlich an der Nutzung von Fleisch zur menschlichen Ernährung. Die Argumente gegen die freie Weidewirtschaft basieren auf den Berechnungen, die die angebliche Raumvergeudung gegenüber der Intensivhaltung ausweisen.

Mit Sarah Wiener gesprochen ist es utopisch anzunehmen, dass Menschen von heute auf morgen aufhören, Fleisch zu konsumieren. Daher sind wir mit ihr der Meinung, dass der erste Schritt sein muss, die Nutzung in vernünftigere Bahnen zu lenken. Unsere Gedanken gehören an dieser Stelle der Extensivhaltung, der Reformierung der Jagd und den neuen Modellen der Halboffenen Weidelandschaften, die heute schon weit über Mitteleuropa verbreitet sind, von den Niederlanden bis Polen und Schleswig-Holstein bis Ungarn, begünstigt durch aufgegebene militärische Übungsplätze. In vielen Fällen besteht die landschaftspflegende Megafauna aus einem Gemisch aus Wild- und Haustieren – 24 Stunden am Tag, das ganze Jahr über, ohne Nachtpferch und Elektrozaun.

Bei weiterer Intensivierung der Landwirtschaft würde sich, so eine weitere, Hoffnung schürende Argumentation, automatisch mehr Raum für extensiv genutzte Flächen auf den verbleibenden Flächen ergeben. Unserer Ansicht nach handelt es sich hierbei um eine Milchmädchenrechnung, da die Nutzungsoffensive weiter zunimmt und sich von Tag zu Tag, Woche zu Woche, Jahr um Jahr mehr durch das Land frisst, in ihrer Wirkung noch einmal verstärkt u.a. durch den Anbau sogenannter nachwachsender Rohstoffe selbst im Biosphärenreservat, wo nach dem Bundesnaturschutzgesetz die Erhaltung, Entwicklung oder Wiederherstellung der Kulturlandschaft und die besonders schonenden Wirtschaftsweisen das Ziel sind! Die Ausrichter des »Internationalen Weltbevölkerungstages« (es gibt ihn wirklich!) haben für das Jahr 2012 eine grobe Schätzung von etwa 7,1 Milliarden Menschen auf dem Planeten Erde vorgenommen. Wo bitte soll da noch Platz für Extensive neu entstehen können oder rückgewonnen werden – da selbst in Großstädten inzwischen Platzmangel und das Motto der intensiven Nachverdichtung herrscht? Neue Bewegungen wie »Efficient City Farming« nehmen sich dagegen nicht mehr als der berühmte Tropfen auf den heißen Stein aus.

»Aufklärung ist der Ausgang des Menschen aus seiner selbst verschuldeten Unmündigkeit.«
Immanuel Kant

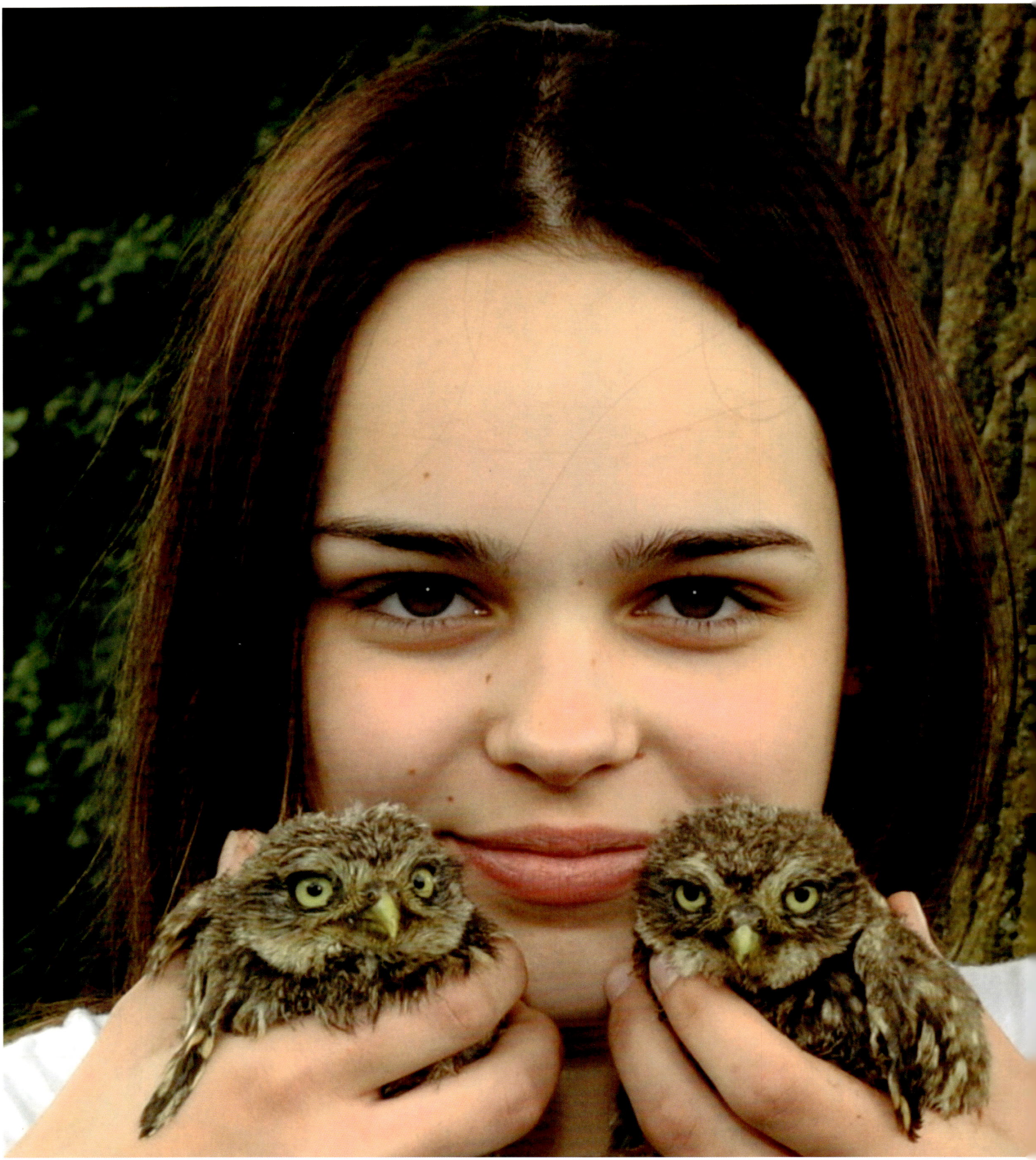

Eulenflucht

Georg Kaatz ist »Immobilienmakler« der besonderen Art und macht »Eulen den Hof«. Der Eulenvater und langjährige, engagierte Mitarbeiter des »Landesverbandes Eulenschutz« berät Hofbesitzer und packt mit an, wenn es darum geht, Steinkauz und Schleiereule ein neues Zuhause zu geben. Diese Arten sind weitere gute »Vorbilder« für das »Leben am Hofe«.

Natur und Kunst

Natur und Kunst, sie scheinen sich zu fliehen,
Und haben sich, eh' man es denkt, gefunden;
Der Widerwille ist auch mir verschwunden,
Und beide scheinen gleich mich anzuziehen.

Es gilt wohl nur ein redliches Bemühen!
Und wenn wir erst in abgemeßnen Stunden
Mit Geist und Fleiß uns an die Kunst gebunden,
Mag frei Natur im Herzen wieder glühen.

So ist's mit aller Bildung auch beschaffen:
Vergebens werden ungebundne Geister
Nach der Vollendung reiner Höhe streben.

Wer Großes will, muß sich zusammen raffen;
In der Beschränkung zeigt sich erst der Meister,
Und das Gesetz nur kann uns Freiheit geben.

Goethe

EULE SUCHT MILLIONÄR

Dem anfänglich nur flüchtigen Blick sei es geschuldet, wenn sich aus einem leblosen Gebilde auf dem Zaunpfahl bei genauerem Hinsehen doch noch ein Steinkauz entpuppt. Wenn wir uns dann auch im schleswig-holsteinischen Landkreis Dithmarschen befinden, kann Georg Kaatz nicht mehr weit sein. Der hat sich seit über 20 Jahren dem Schutz der kleinen Eulen voll und ganz verschrieben, besonders aber dem Steinkauz. Dieser Kauz ist nicht komisch, sondern ernsthaft in seinem Bestand bedroht.

links | Im Visier des Steinkauzes

rechts | Umgedreht: den Steinkauz ins Visier genommen

Wenn Georg Kaatz heute auf dem Wege ist, »seinen« Eulenhöfen einen Besuch abzustatten, denkt er oft darüber nach, wie alles begann. Für dieses Mal begleiten wir ihn. Georg wuchs auf dem elterlichen Hof in Dithmarschen auf, zwischen Nordsee, Eider, Elbe und Nord-Ostsee-Kanal gelegen. Damals handelte es sich noch um einen abwechslungsreichen Landstrich aus Gehöften, Wiesen, Feldern, höhlenreichen Kopfweiden- und Streuobstbeständen sowie eingestreuten Knick- und weiteren Heckenanlagen, entsinnt er sich. Georg besaß natürlich die gleiche Naturbegeisterung wie die meisten Kinder, denen es aber hauptsächlich darum geht, auf Bäume zu klettern, im Bach herumzustochern oder Ameisen mit dem Brennglas zu versengen. Doch Georg war anders. Früh begann er, den Sachen auf den Grund zu gehen und Fragen zu stellen. Er fing Schmetterlinge und Frösche, um sie genauer betrachten zu können, und er schleppte Regenwürmer in seinen Hosentaschen umher.

Als Georg in die Ausbildung zum Holzkaufmann kam, fertigte er aus Holzresten Nistkästen für Singvögel. Mit selbstgebauten Kästen für Turmfalken und Käuze stellte sich sofort der Erfolg ein, als er den ersten Schleiereulenkasten auf dem elterlichen Hof aufhängte. Zunächst nur als Versuch gedacht, kam es dort noch im selben Jahr zum Bruterfolg. So inspiriert trat er dem »Landesverband Eulenschutz« bei. Die spätere Arbeit in der Freiwilligen Feuerwehr sollte sich als weiterer Glücksfall in seinem Leben erweisen, denn über sie konnte er Kontakt zu zahlreichen Hofbesitzern der Umgebung aufbauen. So gelang es ihm, viele Menschen für den Eulenschutz zu begeistern. Inzwischen betreut er auf einer Fläche von 300 Quadratkilometern rund 220 Standorte mit jeweils ein bis drei Steinkauz-Nistkästen. Dazu kommen die nicht weniger speziellen Vorrichtungen für die Schleiereulen. Aktuell brüten allein 70 bis 80 Steinkauzpaare in seinem Betreuungsgebiet.

Wenn es nach dem Steinkauz ginge, gäbe es nur Höfe ohne Wirtschaftsdruck, mit Menschen, die es sich wieder leisten könnten, alte Haustierrassen zu halten, die nicht auf hohe Ertragsleistung gezüchtet sind und in kleiner Zahl – bodenverträglich – das Grünland beweiden. Wenn es nach dem Steinkauz ginge, gäbe es Misthaufen mit Nahrungstieren satt darin, ausreichend Insekten, Würmer und Nagetiere, sowie natürliche Bruthöhlen, um den eigenen Nachwuchs sicher großzuziehen. Doch so wie es im Moment aussieht, können sich das nurmehr Millionäre leisten. Tatsächlich kommen in einer der Ortschaften innerhalb von Georgs Gebiet drei Einkommens-Millionäre auf 50 Einwohner vor, die sich alle einen Steinkauz leisten.

Eigentlich eine »halbe Portion« mit seinen knapp über 20 Zentimetern Körperlänge, seinen rund 55 Zentimetern Flügelspannweite und seinem Körpergewicht zwischen 160 und 250 Gramm, ist der Steinkauz in vielen Teilen Europas doch oft die einzige Eulenart seiner Größen- und Gewichtsklasse. Ursprünglich dem offenen Grasland mit geringem Baumbestand entlang der Erosionsrinnen und Flussläufe zugetan, das zudem durch eine Vielzahl von wilden Weidetieren kurz gehalten wurde, überstand er manchen Landschaftswandel bis hinüber in die durch den Menschen geprägte, sogenannte Kulturlandschaft. Ob nun als frühere Bodenbrüter oder später als Gebäudebrüter in Kunstkästen: Es mag immer wieder zu starken Bestandsschwankungen gekommen sein. Dort, wo eine Art wie der Steinkauz in abnehmender Tendenz begriffen ist oder bereits selten vorkommt, geht der Mensch nur allzu leichtfertig mit einem Begriff wie dem des suboptimalen Habitats um. Das heute seltene Vorkommen der Steinkäuze in Schleswig-Holstein und anderswo ist jedoch nur historisch bedingt – also vorübergehend – und vor allem den land(wirt)schaftlichen Wandlungen zu verdanken, die durch den Menschen verursacht sind. Gründe liegen im Einsatz von Giften und Düngern, in der Ausweitung und der Siedlungsdichte des Menschen und seiner direkten Nachstellung, da Eulen nicht immer hoch im Ansehen waren. In welcher Richtung sich der Bestand entwickelt, liegt auch weiterhin an uns!

KLEINER KAUZ MIT SORGENFALTEN

Was dem Steinkauz und Georg Sorge bereiten, ist der landesweite Rückgang von beweidetem Grünland. Auf diesen Flächen kommt es seit Ende der 1980er-Jahre durch Umbruch zum Maisanbau. In puncto nachwachsende Rohstoffe werden vor allem Ölpflanzen wie Raps und besonders stärkehaltige Pflanzen wie Mais, Kartoffeln und Getreide angebaut. Allein 2010 nahm diese Form der Bewirtschaftung 2,15 Millionen Hektar in Deutschland ein. Die gewonnenen Rohstoffe fließen vor allem in die Gewinnung von Biodiesel, -ethanol und -gas. Die bedeutendsten Arten der Energiegewinnung sind Raps für Biodiesel und Mais für Biogas. Dabei verzeichnen die Flächen für den Maisanbau und damit die Biogasanlagen tendenziell den größten Zuwachs – auf Kosten der sogenannten Agro-Biodiversität: der biologischen Vielfalt der land-, forst- und fischereiwirtschaftlich genutzten Flora und Fauna. Der hohe Einsatz sogenannter Pflanzenschutzmittel ebenso wie die Erosion und Eutrophierung (Nährstoffeintrag bzw. -anreicherung) der Böden sind nur einige der negativen Nebeneffekte dieser Entwicklung.

Georg beklagt ebenso wie Hartmut Heckenroth den hohen Einsatz der Gülle. Misthaufen sind heute eher die Ausnahme, da bei den neuen

links | »Eulenloch« oder »Ulenflucht« nennt man die Öffnung unterhalb des Firstes alter Häuser.

oben | Der honigsüße Duft der Rapsfelder im Mai mag darüber hinwegtäuschen: Aber bei den schwefelgelben, landschaftsbildbestimmenden Farbtupfen handelt es sich eher um lebensfeindliche Monokulturen, die im Dienste der Biodieselproduktion mehr und mehr Land verschlingen.

Nutztierhaltungsmethoden zumeist Gülle anfällt. Nur an alten, in althergebrachter Weise betriebenen Höfen, Rest- und Aussiedlungshöfen finden sich noch Misthaufen. Bei Aussiedlungen handelt es sich um Höfe, die in den 1960er- und 70er-Jahren in der Nähe der Dörfer im Mindestabstand von 500 Metern zum nächsten Dorfrand neu, aber inmitten der eigenen Ländereien erbaut worden sind. Größenmäßig geeignetes Land innerhalb der Dörfer stand meist nicht zur Verfügung. Solche Anlagen sind heute oft in Besitz von Aussteigern und Rentnern, die noch Viehhaltung im Nebenerwerb oder als Hobby betreiben. Die Auflagen für die Unterhaltung eines Misthaufens sind unter anderem die sachgemäße Lagerung auf zumeist Zementplattformen, um einen Eintrag von verdünntem Mist durch Regen ins Grundwasser zu verhindern.

Und dann bewegt Georg doch noch ein höchst menschliches Problem. Der Steinkauz ist eine seltene Art, der man mit artgerechten, selbstgebauten Nistkästen wirklich hervorragend helfen kann – sofern sich jemand dafür findet, diese Aufgaben zu übernehmen. In Georgs Betreuungsgebiet brüten rund 85 Prozent der Käuze in Nistkästen, die er in Bäumen montiert hat, und nur 15 Prozent in Hausnistkästen. Landesweit dagegen geht der Trend hin zur Montage von Kästen im oder am Haus. Da viele der Jungvögel bereits in Gebäuden erbrütet wurden, scheint eine Prägung auf diesen Brutstandort vorzuliegen, meint er. Wie die meisten Arten- und

Vogelschutzbemühungen bleiben die Aktivitäten auch auf dem Gebiet des Eulenschutzes in der Regel Männern über 50 vorbehalten. Es mangelt eindeutig am repräsentativen Bevölkerungsquerschnitt bezogen auf Alters- und Geschlechtsverteilung. Und nicht jeder besitzt Georgs langen Atem. Wir meinen, dass auch junge Käuze ein Recht darauf haben, von jungen, zarten Händen betreut und beringt zu werden und nicht nur von alten, knorrigen. Junge Menschen können sich beispielsweise direkt an den »Landesverband Eulenschutz« wenden, wenn sie helfen wollen.

DOCH NOCH EULEN FÜR JEDERMANN?

Für Georg spielt die Beringung eine wichtige Rolle im Schutz des Steinkauzes. Seit 1989 werden alle Jungvögel von ihm beringt. Bei der Kontrolle der Nistkästen werden viele dieser ehemaligen Jungen als Brutvögel wiedergefangen und anhand der Ringnummer die Altersstruktur der Population, die Abwanderungsrichtung und -distanz und schließlich der Bruterfolg dokumentiert. Im Fall der Dithmarscher Population wurde ersichtlich, dass diese nur bedingt mit den großen, bekannten Beständen Nordrhein-Westfalens und der Niederlande zu vergleichen ist. Die Steinkäuze Schleswig-Holsteins legen beispielsweise weitere Wege zwecks Reviergründung zurück und bevorzugen Feldmäuse anstelle von Insekten und Würmern zur Ernährung der Jungen. Zudem liegt die Zahl der flügge werdenden Jungkäuze gerade in Dithmarschen deutlich unter denen in Nordrhein-Westfalen.

Einmal als Jungvogel beringt, sind Steinkäuze auch später als Erwachsene weniger aufgeregt, wenn es an die Markierung der folgenden Generation geht, weiß Georg zu erzählen und gerät dabei fast ins Schwärmen für seine Eulen.

links oben | »Kopfweiden«, hier in Nordrhein-Westfalen fotografiert, sind wichtiger Bestandteil der Kulturlandschaft und früher begehrte Brutplätze des Steinkauzes und anderer Tierarten.

rechts oben | Scheunen werden zum Teil vom Steinkauz als Brutplatz genutzt.

rechts Mitte | Unverdauliches Material wird als Gewölle hervorgewürgt und eignet sich gut zur Nahrungsanalyse, wie die hier abgebildeten Wühlmausschädel im Gewölle der Schleiereule belegen.

rechts unten | Unter Beobachtung: Steinkauz auf seinem Posten

Durch die gute Erfassung der Population ließ sich außerdem feststellen, dass 2011 übermäßig viele der Altvögel aufgrund der langen, hohen Schneelage im Dezember 2010 starben. Da auch die meisten Jungvögel diesen harten Winter nicht überlebten, sank der Brutpaarbestand zeitweilig deutlich. »Doch trotz des im Verhältnis zu den anderen Landesteilen Deutschlands niedrigen Bruterfolgs hat sich der Bestand in meinem Gebiet in den vergangenen 20 Jahren aber versechsfacht«, stellt Georg nicht ohne Stolz fest.

BERINGUNGSAKTION – LIVE UND HAUTNAH!

Aufmerksame Katzenaugen verfolgen aus braunem Grundgefieder mit weißen Federtropfen heraus jede unserer Bewegungen. Ein Elternvogel sitzt in der Nähe auf einem Zaunpfahl aufgebaumt, während Guido und ich Georg in die Scheune folgen. Vorbei an viel Gerät, was selten oder gar nicht mehr benutzt wird wie Forke, Sense oder die ganz große landwirtschaftliche Maschine, deren Zweck ich nicht kenne. Wir erreichen die Leiter, die uns eine Etage höher an den Brutkasten führt. Georg öffnet die Luke der Eigenkonstruktion und – macht ein langes Gesicht: Der Kasten ist leer. Tatsächlich sind die meisten Steinkäuze außerhalb der Häuser und Scheunen erfolgreich. Sie bevorzugen einen mehrere Meter hoch angebrachten geräumigen Kasten auf einem Baum in der Nähe eines Hofgebäudes. Wir wechseln also noch einmal den Standort. Georg erklimmt die Leiter des großen Bergahorns, der von einer hölzernen Plattform eingefasst steht. Der zweite Elternvogel sitzt und wird von Georg kurzerhand in die Hosentasche des roten Arbeitsanzuges gesteckt.

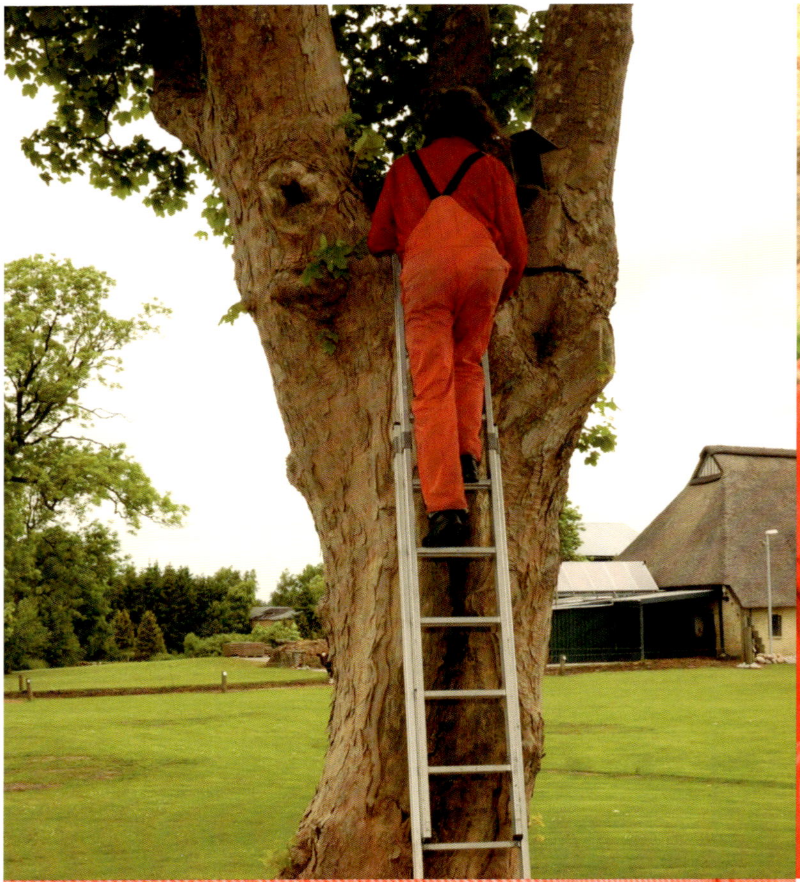
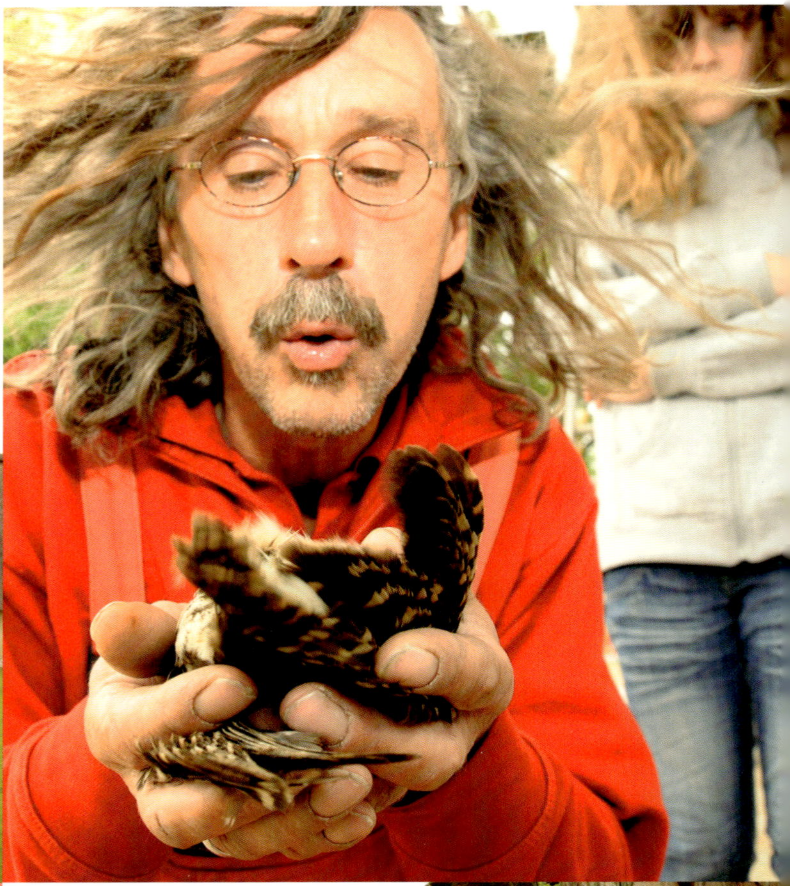
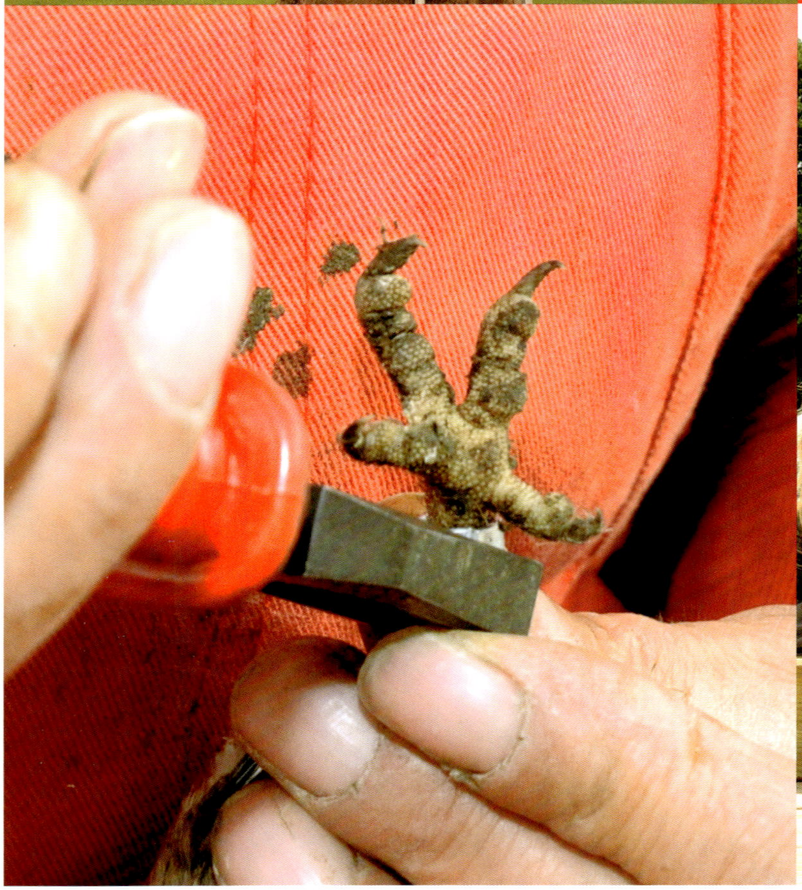
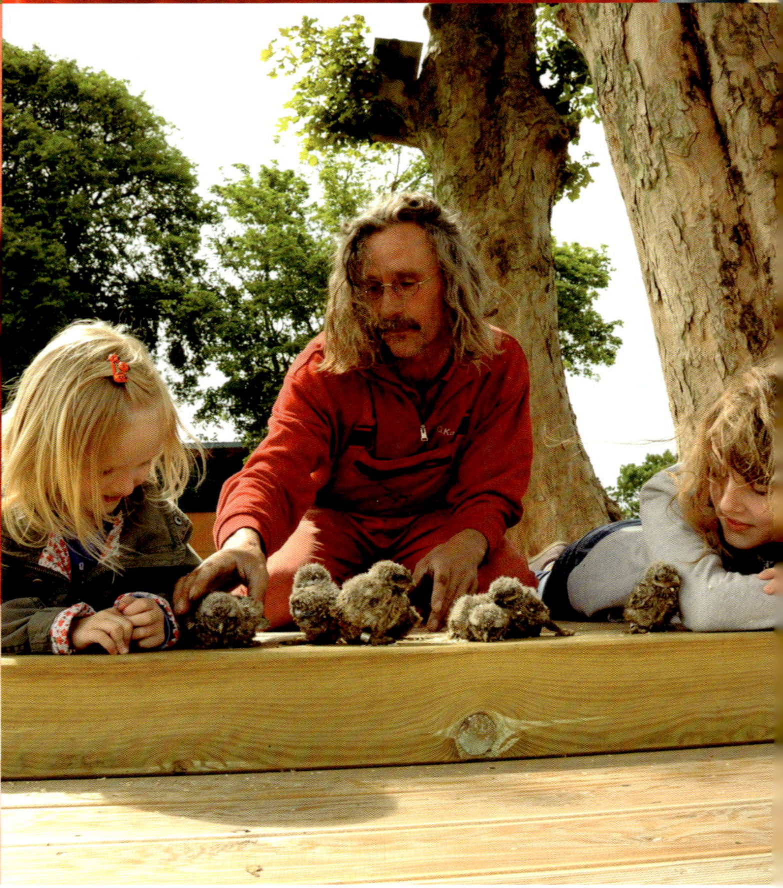

von links oben im Uhrzeigersinn | Georg in Aktion, wie er über die Leiter an einem Bergahorn hinauf zur Kastenbrut gelangt, bei der sich für dieses Mal »sieben Küken auf einen Streich« als großes Glück herausstellen. | Georg prüft durch Pusten, ob das jeweilige erwachsene Tier einen Brutfleck besitzt. | Georg Kaatz, zwei Kinder und sieben Steinkauzküken. Er setzt darauf, Umwelterziehung für alle Beteiligten so früh wie möglich beginnen zu lassen! | Georg schwört auf gute Beringung, um Daten über die heute gefährdete Art zu gewinnen, die vielleicht zu deren Erhalt beitragen können.

rechts | Georg weiß, dass die Individuen, die einmal eine positive Erfahrung mit dem Menschen gemacht haben, auch später den Umgang mit ihnen erleichtern.

Die Küken kommen in den Eimer. Als Georg zurück am Boden ist, präsentiert er uns die angenehme Überraschung: Es sind gleich sieben Küken, die Höchstzahl, die Steinkäuze bislang aufgezogen haben. Wenn sich in den Kästen das bekannte Kloakenmilieu bildet (vor allem bei der Verfütterung vieler Regenwürmer), entsteht Ammoniak, und die kleinen Käuze duften nach Pernod (welcher gleichzeitig zu den Lieblingsgetränken von Georg gehört). Die meisten anderen Leute würden sich vor diesem Geruch ekeln – nicht so Georg (der auf der anderen Seite keinen besonders gut ausgebildeten Geruchssinn hat). Der Geruch kann Georg bereits zu einer sicheren Prognose verleiten, dass der Kasten mit Käuzen besetzt ist anstelle von zum Beispiel Staren, die ganz anders riechen.

Durch seine regelmäßigen Kontrollen weiß Georg auch, dass in diesem Kasten sieben Eier gelegt wurden. Dann entnimmt er ein Küken nach dem anderen und versieht eines der Beinchen mit einem Ring, dessen Gravur es nun für alle Ewigkeit kenntlich macht. Akribisch trägt Georg den unverwechselbaren Nummerncode in sein Büchlein ein. Am Ende darf der weibliche Elternteil noch kurz für unsere Kameras posieren, bevor ihn Georg in die wohlverdiente Freiheit zurück entlässt.

Schön ist diese Vogelart – und Georg hat sie uns ein ganzes Stück näher gebracht. Steinkäuze gehören unbedingt zu einem intakten Hofleben dazu. Und wer einen Resthof erwirbt, sollte sich dieser Verantwortung stets bewusst sein.

Wieder sind ein paar Eulen auf ihren Weg in die unbekannte Zukunft gebracht. Hoffentlich bleibt ihnen das Glück hold – Menschen wie Georg Kaatz übernehmen eine Teilgarantie dafür.

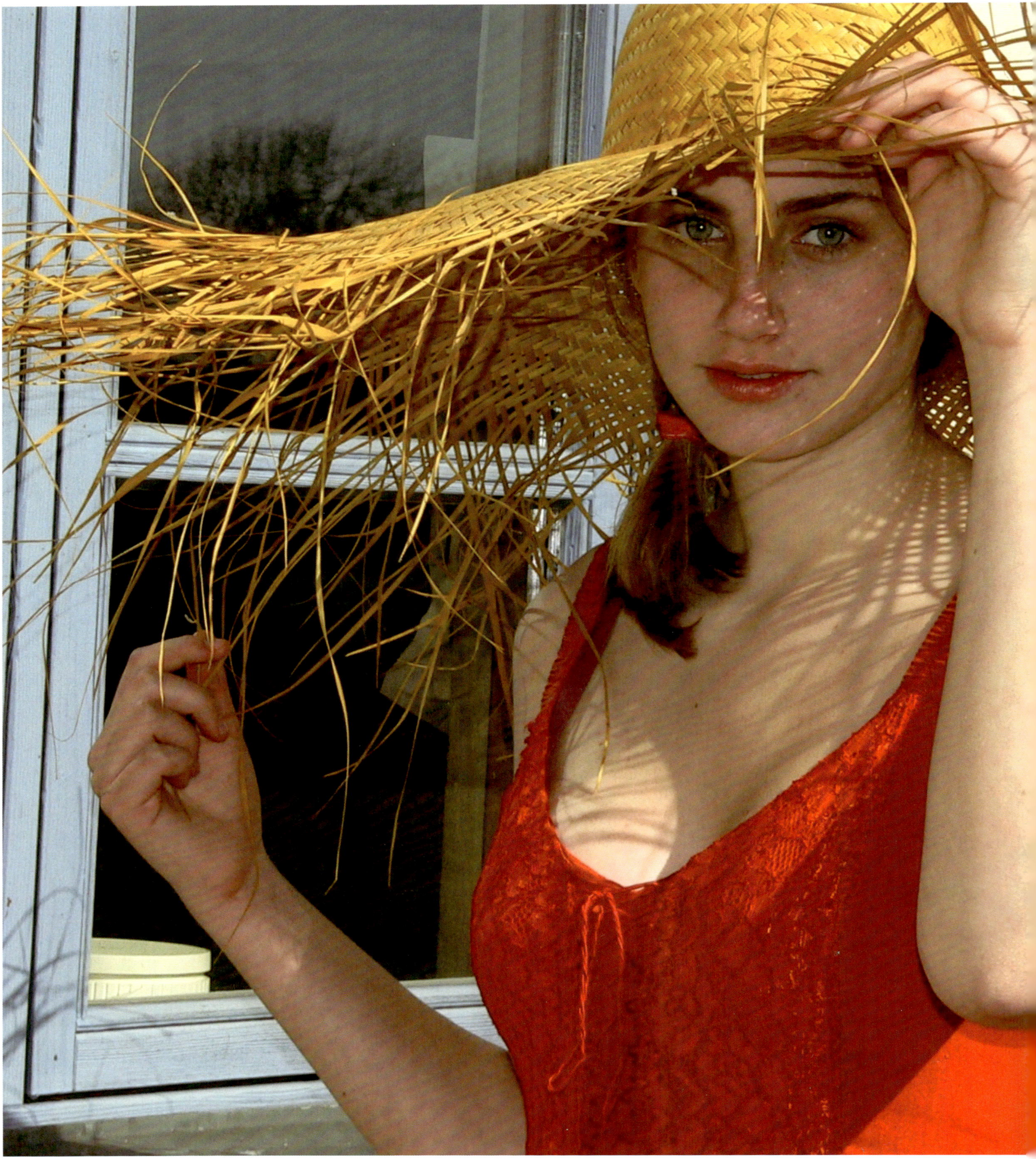

Hofgeflüster

Laut erster Definition bedeutet der Begriff Resthof einen ehemaligen Bauernhof ohne Äcker und Weiden, oft aber noch mit so viel Grundbesitz, dass die Neubesitzer darauf ihren Traum vom eigenen Garten, Kuscheltierhof und vielleicht auch ein Stück weit Selbstversorgung verwirklichen können. Per weiterer Erklärung könnte sich der Begriff auch so erklären, dass die einstigen Hofgebäude in der Blüte ihres Lebens nurmehr ein Schatten ihrer selbst sind. Und schließlich könnte man auch noch auf die Idee kommen, die Neubesitzer hätten alle Reserven zusammengenommen, um ihren Traum zu finanzieren.

Allein der Begriff »Rest« lässt vermuten, dass Ressourcen – welcher Art auch immer – zur Neige gehen. Oder dass im genauen Gegenteil zum gegenwärtigen Sättigungszustand noch ein zusätzlicher Überschwang besteht. Reste finden sich überall, nicht zuletzt in zeitgeistigen Ausdrücken wieder wie etwa in Restbuchwert, Restdarlehen, Restflugplatz, Restgesellschaft, Restkabine, Restlichtverstärker, Restmüll, Restnutzungsdauer, Restposten, Restrisiko und Restzeit – und eben auch in Resthof. Resthöfe liegen im Trend. Im Laufe des Buches werden Menschen vorgestellt, die ganz unterschiedlich motiviert zu einem Leben auf dem Lande gekommen sind. Wir lernen den Seiteneinsteiger kennen, der das Stadtleben hinter sich gelassen hat, um jetzt ausschließlich mit alten Haustierrassen von der Landwirtschaft zu leben. Oder den Webdesigner, Musiker und Maler, der mit seiner Frau in einem 200 Jahre alten Resthof lebt und ebenfalls dem Stadtleben den Rücken zukehrt, der jedoch aus beruflichen Gründen der Stadt immer wieder tageweise einen Besuch abstattet. Wir lernen den Bauern kennen, der seinen Betrieb im Laufe der Jahre auf einen Biohof umgestellt hat. Und wir lernen den Hof der Idealistin kennen, die im Selbstversuch die Subsistenzwirtschaft probiert. Aus dem unterschiedlichen Bedürfnis ehemaliger Großstädter können sich wunderbare, neue Landschaften und Perspektiven ergeben.

EINFACH STADTMÜDE

My Hof is my castle.
Micha Dudek

Wir haben das Gefühl, es mit einem »Modell-Ehepaar« zu tun zu haben, das auf einem »Modell-Hof« wohnt, umgeben von einer »Modell-Landschaft«. Siegrun und Holger Hogelücht leben in einem weißen Fachwerkhaus mit Reetdach in einer elbnahen Landschaft. Siegrun hat schon als Kind von einem weißen Fachwerkhaus mit Reetdach und dem Leben auf dem Lande mit vielen Tieren geträumt. Und Holger wollte immer weit und hoch hinaus …

Doch angefangen hat es mit den beiden mitten in Hamburg. Hier haben sie sich kennen und lieben gelernt. Sie ist Ärztin, er Werbefachmann, Musiker und Maler. Heirat und Suche eines neuen Wohnsitzes waren ein Gedanke. 1999 wurde geheiratet. Sie wohnten im Schanzenviertel und waren beide des ständig verbauten Blickes unter Einnahme des Himmels überdrüssig. »Wir waren einfach platt – stadtmüde«, meint Holger. Da machten sie sich auf die Suche nach dem unverstellten Stückchen Himmel und sollten es recht

rechts | Wenn man einmal die Milch in Ruhe genießen will, muss man die Konkurrenz der Katze im Auge behalten.

schnell in Rosien an der Elbe finden. Das reetgedeckte Haus konnte Siegrun und Holger gleich für sich gewinnen. Bereits 2001 wurde der 200. Geburtstag des Hauses auf dem eigenen Hof ausgerichtet und als Einweihungsfeier für Freunde und Nachbarn und großartige Open Air-Veranstaltung angelegt. Damit wurde eine Tradition geboren, fortan alle fünf Jahre ein großes Hoffest zu geben, wenn einer der beiden neuen Besitzer »nullt«. Holger kommt dabei zugute, dass er Zeit seines Lebens in diversen Bands Bass gespielt und mit anderen gemeinsam kleine Veranstaltungen organisiert hat.

Holgers Füße trugen ihn weit für seine zweite Leidenschaft, die Malerei. Er hatte bereits als Jugendlicher viel gezeichnet und gemalt. Nach der Schule allerdings geriet diese Gabe etwas in Vergessenheit. Die Musik hatte eindeutig die Oberhand gewonnen. Hin und wieder aber

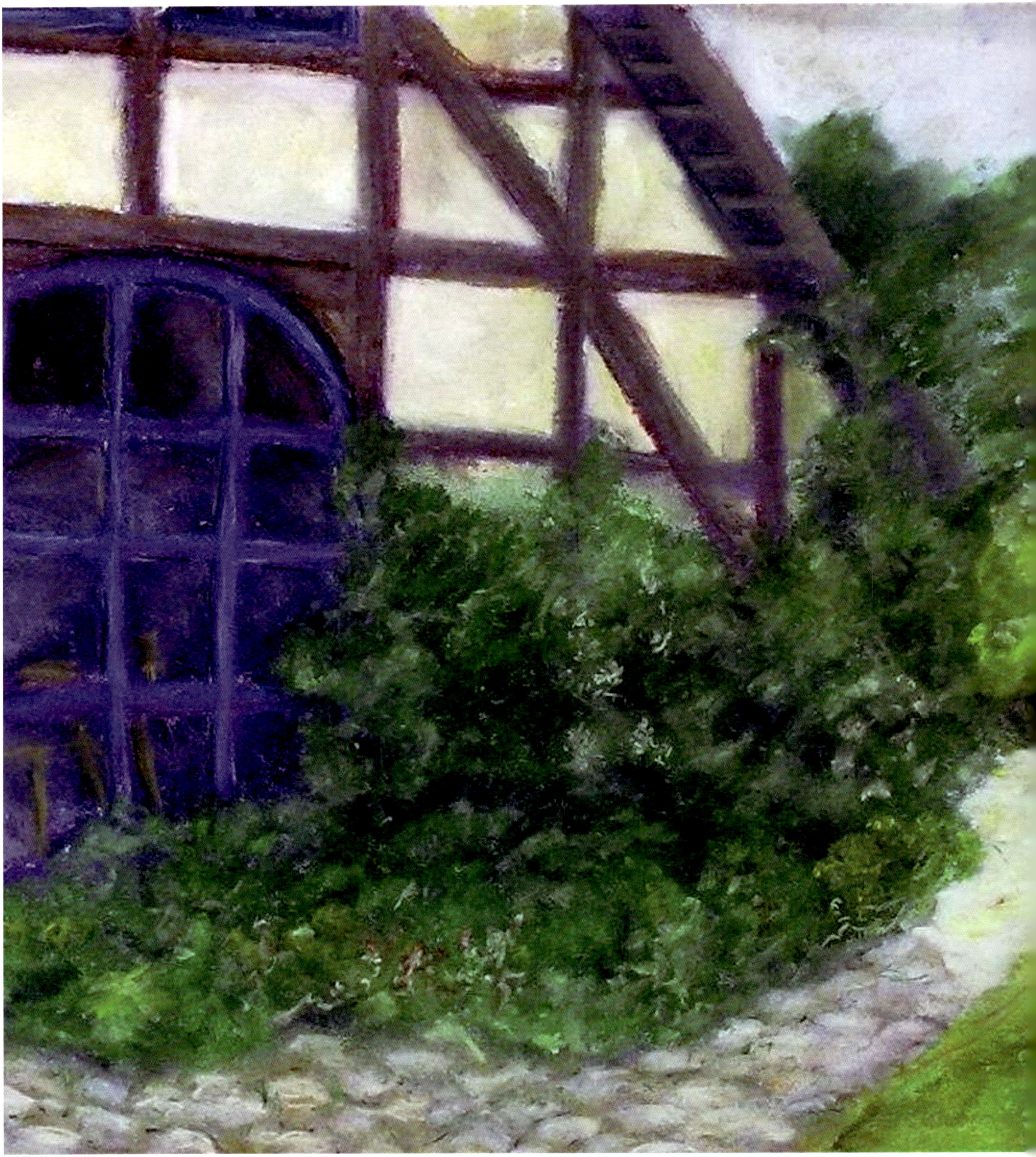

gedachte er des angenehmen Gefühls und der inneren Befriedigung, die einem während des Malaktes widerfahren soll. Und eines Tages, als er die Studiengänge der Soziologie und Philosophie längst erfolgreich hinter sich gebracht hatte und ins Berufsleben eingetaucht war, da schlenderte er im Hamburger Stadtteil Altona durch den Regen. Die Kapuze tief ins Gesicht gezogen, den Kragen hochgeschlagen, sinnierte er über das höchst unbefriedigende Tagesgeschäft des Journalisten in einem Verlag für Möbelfachzeitschriften, der er inzwischen geworden war. Da blieb er wie angewurzelt vor dem kleinen Schild stehen, auf dem mit feinen Lettern geschrieben stand: »Yasser Shehata – Kunstschule«. Holger rückte seine Brille zurecht und bog schnurstracks in die Hofeinfahrt ein. Etwas zog ihn magisch an. Er betrat das kleine Atelier, in dem ihn ein Mann ägyptischer Abstammung freundlich empfing. Yasser zeigte ihm die Arbeiten seiner bisherigen Schüler.

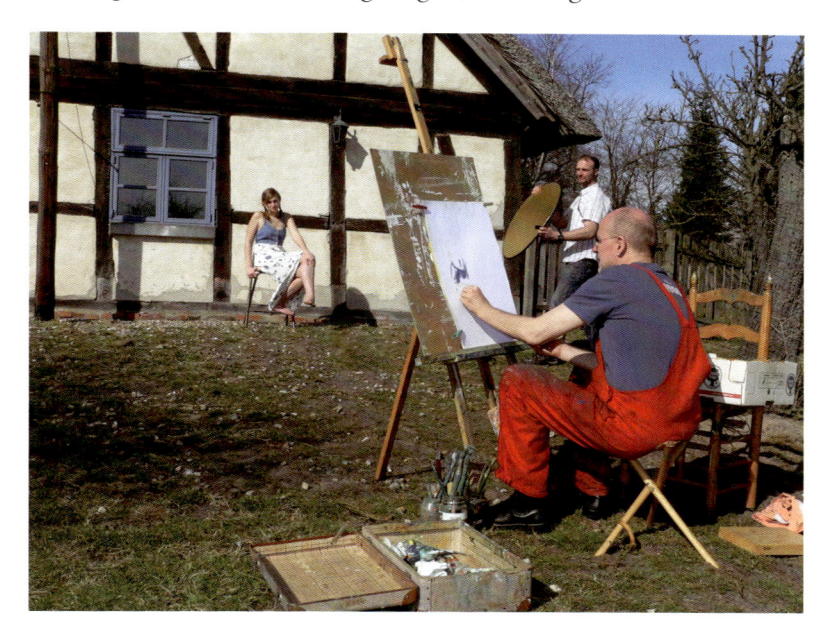

»Die Atmosphäre im Atelier schlug mich von Anfang an in ihren Bann«, erinnert sich Holger gern mit einem Schmunzeln. Damals ahnte er noch nicht, dass er über Yasser wieder zurück zur Malerei und damit zu seinem eigenen Stil finden würde. Doch erst der Resthof in Rosien gestattete es ihm, sein eigenes Atelier einzurichten. Inzwischen hat er etliche Ausstellungen gemacht. Der Kontakt zwischen ihm und Yasser ist nie abgerissen, und Holger war bereits mehrfach in Ägypten, wohin es seinen alten Lehrer vor Jahren wieder zurückgezogen hatte.

Guido und ich genießen den Aufenthalt im charmanten Fachwerkhaus und die Gastfreundschaft der Hogelüchts. Allein die umgebaute Wohnküche strahlt viel Raffinesse aus. Raumsparende Schränke, zentraler Ofen und die vielen Gemälde von Holger an den Wänden vermitteln eine angenehme Atmosphäre. Eine Seitentür gewährt Einblick in das gediegene Bad mit eigens entworfener Wanne, in der Siegrun Rosskastanienblütenbäder zu nehmen pflegt. Ein besonderer Platz ist der lange hölzerne Küchentisch vor der bis zum Boden herabgezogenen Fensterfront mit Galeriewirkung. Wir genießen dunklen Traubensaft aus hohen Kelchen, helle süße, unvergorene Früchte ohne Kerne, Käse in Würfeln und selbstgebackenes Brot mit knuspriger, nicht zu harter Kruste. Katzen streichen um unsere Beine und von draußen dringt der Abendgesang des Rotkehlchens zu uns herein, das Grunzen der Schweine und das Blöken der Schafe.

Der Hof ist für uns die Verwirklichung der eigenen Träume, sagt Siegrun zufrieden. Und sie habe ein bisschen das Gefühl der Selbstversorgung, wenn sie morgens barfuß durch das nasse Gras zum Hühnerstall hinüberschleicht, ein wenig autark zu sein, wenn sie die Eier sammelt, die Schafe schert und die Wolle verspinnt, um daraus Socken und Pullover zu stricken. Sie rutscht dabei mit den dicken Socken an ihren Füßen hin und her über den Boden unter dem Stuhl. »Die Schafe halten die Wiese kurz – einen Motorrasenmäher brauchen wir jedenfalls nicht!« sagt sie und lacht.

links und rechts | Holger Hogelücht arbeitet am liebsten mit Pastellfarben im Freien und malt, was das neue Landleben so hergibt, wie zum Beispiel das eigene Haus.

Siegrun, die inzwischen Mitarbeiterin im Touristeninformationsbüro des Nachbarortes ist und als zertifizierte Natur- und Landschaftsführerin vom Biosphärenreservat und der Töpfer-Akademie Floßfahrten auf der Elbe anbietet, kann ihr Glück eigentlich immer noch kaum fassen. Damals, als sie kurz nach der Heirat beschlossen hatten, aufs Land zu ziehen, genügte ein einziges Wochenende der Suche. Auf einer Erkundungstour im Auto zwischen Schaalsee und Elbe mit Onkel und Tantchen im Gepäck haben sie die Landschaften der Norddeutschen Tiefebene gleich begeistert. Sie schauten Resthöfe an, die zum Verkauf standen, und sammelten zahlreiche Telefonnummern und Eindrücke. Auf der Rückfahrt über das Gebiet rund um den Schaalsee beschlossen sie einen kurzen Spaziergang zum Abschluss des Tages zu machen. Nur der Onkel wollte nicht mit, da er sich etwas müde fühlte. Er setzte sich in ein nahes Café und schnappte sich die nächstbeste Zeitung. Als die anderen zurückkamen, zeigte er sehr bestimmend auf den Immobilienteil. Dort stand ein faszinierender Resthof zum Verkauf in einem Ort namens Rosien in der Region, die sie erst kurz zuvor durchkreuzt hatten. Doch eine nochmalige Rückfahrt schien die Kräfte aller zu überfordern.

Und so verging ein Wochenende voller Magendrücken und Aufregung, ob am Anfang der kommenden Woche der Hof noch zum Verkauf stehen würde. Doch es sollte so sein. Gleich am Montag wurde die zuständige Maklerin angerufen und bereits am nächsten Tag lagen die Unterlagen im Briefkasten. Siegrun war sofort begeistert, konnte aber Holger tagsüber nicht erreichen. Daher musste sie ihre Begeisterung bis zum Abend für sich behalten. Als beide dann am Abend die Unterlagen gemeinsam ansahen, war die Liebe zum Haus geboren, und sie sollten fortan »Rosien im Kopf« haben.

Gleich fürs Folgewochenende machten sie einen Besichtigungstermin aus und standen schließlich vor ihrem zukünftigen Haus. Auf Anhieb war beiden klar, dass es das war. Bis heute lässt Siegrun und Holger das Gefühl nicht los, dass sie es gar nicht waren, die das Haus ausgesucht haben, sondern umgekehrt – so schnell ging alles!

Der einzige Einwand gegen das Landleben, den die beiden Stadtmüden heute noch vorbringen würden, wäre der, dass man auf dem Land nur selten unbeobachtet bleibt. Andererseits sind die Nachbarn sofort für einen da, wenn man in Schwierigkeiten steckt. Dies ist Siegrun und Holger kurz nach ihrem Einzug in das Haus widerfahren. Nach

links und rechts | Siegrun Hogelücht organisiert Elbfloßfahrten für Stadtmüde und Wollespinnen für sich selbst.

einem schweren Autounfall lagen beide im Koma im Krankenhaus, und alle Dorfbewohner haben sich spontan getroffen, um beispielsweise die Tiere zu versorgen. In der Stadt hätte von dem Unfall vielleicht niemand etwas bemerkt.

Doch glauben wir, dass man auch in der Großstadt im Fokus bestimmter Zielgruppen steht, zum Beispiel des Bäckers an der Straßenecke, der Taubenfütterin im Park oder des Vergesslichen, der einen immer wieder für einen Neuhinzugezogenen hält – jedoch alles ohne direkte Resonanzen.

PFERDEKÖPFE AN DEN GIEBELN

Nicht weit der Hogelüchts erstreckt sich ein wunderschöner Landstrich. Er wirkt wie ein altes Stück Kulturlandschaft, wie er daliegt im wabernden Morgennebel, aus dem die Kirchturmspitze des Nachbarortes herauslugt. Doch ist er von höchst modernem Gepräge. Und da sich der Nebel legt, zeigt sich das auch, indem es Rinder mit ungewöhnlich langen Hörnern und eine Pferdegruppe zu erkennen gibt. Auf 154 Hektar grasen hier die Tiere des Biohofes Niederhoff, der maßgeblich an der Archeregion beteiligt ist.

Im angrenzenden Ort Dellien steht das zugehörige Niedersachsenhaus, in dessen Deckenbalkenansicht über der »Grootdör« (Große Tür, Tor) in Frakturschrift der Spruch steht: »Wer seinen Gott nur fest vertraut, dem giebt er reiches Segens Gut und wer die Hoffnung auf ihm baut dem schadt kein Sturm noch Feuers Gluth – Laß Unglück und Verhängniß« und »Johann August Timmerman Mariea Dorothea Timmerman gebohrne Lampen den 9ten Sept 1826«.

Zwei einander zugeneigte hölzerne Pferdeköpfe zieren den Giebel an jedem Ende des reetgedeckten Daches. Pferdeköpfe (auch Hengst, Hors oder Rossgoschen genannt) treten häufig als Giebelschmuck und Verzierung der sogenannten Windbretter an niederdeutschen Hallenhäusern auf. Die Windbretter oder -federn kreuzen sich in Form eines Bockes oder Schragens und fassen die Kanten, Firste oder Grate des Reetdaches ein, um dieses vor dem Ausfransen durch Wind zu schützen. Viel wurde in der Vergangenheit in die Ausrichtung der Pferdeköpfe hineininterpretiert. Einander zugewandte sollten Harmonie, Frieden und Gesundheit auf dem Hof symbolisieren, einander abgewandte dagegen Krankheit und Unglück. Vielleicht traf das auch auf den einen oder anderen Hof tatsächlich zu; wahrscheinlicher aber ist die künstlerische Freiheit des jeweiligen Zimmermanns als Grundlage. Das Pferd stellt dabei das mit Abstand am häufigsten verwendete Tiersymbol an den Niedersachsenhäusern.

Als erstes begrüßt uns Bruno, der Großspitz. Guido und ich besuchen Christa und Hans-Jürgen

Niederhoff, um zu zeigen, dass es auch auf einem alten, traditionellen Hof möglich ist, auf Bio-Hof umzustellen, wie schön das moderne, nicht weniger mühselige Hofleben aussehen kann und welche Grundmotive diese Menschen treibt! Die Bäuerin, die gleichzeitig einen Buchladen im Nachbarort unterhält, ist bereits auf dem Hof geboren in direkter Nachfolge des Erbauerehepaares Timmerman. Ihr Mann wuchs nicht weit davon in Kaarßen auf. Beide sind mit der Landwirtschaft aufgewachsen und haben sich auf dem Erntedankfest in einer Kneipe hier vor Ort beim Tanzen kennengelernt, wo heute nur noch Gemüse angebaut wird. »Ja, so war das damals«, schmunzelt Jürgen.

Beide sind heute Landwirte aus Überzeugung und stehen mit ganzem Herzen hinter der Idee, zu einem Teil die gepachteten Stiftungsflächen mit Heckrindern und Koniks zu beweiden, zum anderen Teil auf weiteren 30 Hektar noch Landwirtschaft zu betreiben. Durch die Auflagen für Grünland habe es sich angeboten, auf der Nutzfläche Dinkel, Hafer, Winterweizen, Erbsen und Ackerbohnen ökologisch anzubauen, meint Jürgen.

Hans-Jürgen Niederhoff zieht gemeinsam mit Hartmut Heckenroth an einem Strang, wenn es darum geht, ökologische Ziele umzusetzen. Dabei verfolgen sie auch ein ganz persönliches Interesse: Beide wollen die Zukunft für ihre Enkelkinder sichern helfen. Die Kleinen sollen die Chance haben, in einer Welt der zunehmenden Artenvielfalt groß zu werden – so wie sie als Kinder selber noch erleben konnten, wie Störche stochernd hinter dem

links und rechts | Hof Niederhoff mit Pferdeköpfen an den Giebeln und Moos auf der sogenannten »Wetterseite« des Reetdaches in nordwestlicher Ausrichtung

Trecker hinterherliefen, Katzen sich ohne Hast auf der Straße in der Sonne putzten oder nach einem kräftigen Regenguss »Urzeitkrebschen« aus den dauerhaften Eiern schlüpften und sich in den Pfützen tummelten.

Der Verkauf von eigens erwirtschafteten Bioprodukten direkt auf dem Hof ist Ehrensache für Jürgen und seine Familie und ein logisches Resultat ihrer Denk- und Lebensweise. Dabei muss er lachen, wenn er daran denkt, dass es in einer jüngst angesehenen Fernsehsendung darum gehen sollte, Biokost von konventionell Angebautem zu unterscheiden. Der Geschmackstest wurde von einigen Prominenten mit Augenbinde ausgeführt. Natürlich sind alle Teilnehmer zuvor felsenfest davon überzeugt, den Unterschied herauszuschmecken. Doch alle gingen fehl in dieser Annahme. Und natürlich wurde der Test mit gekaufter und zuvor noch abgepackter, eben nur »sogenannter Biokost« durchgeführt. Jürgen ist sich sicher: Gemacht werden müssen hätte der Test mit frisch zubereiteten, selbstgemachten, naturbelassenen Zutaten. Zubereitung und besonders der Verzehr im sozialen Beisammensein hätten den eigentlichen Unterschied ausgemacht und jeden Vergleich bestanden. Auch der gemeinsame Genuss verändert den Geschmack.

Bruno begleitet uns über den Hof. Vorbei an Thüringer Waldziegen, für die Jürgen einen hohen Steinhügel zusammengeschoben hat, an Vorwerkhühnern und Eseln. Hinüber in den beeindruckenden Obstbestand und Anbaugarten für die privaten Bedürfnisse. Für die Wildbienen und Bestäuber des Gartens hat er viele Nisthilfen in Form eines Wildbienenhauses aufgestellt – einen geschützten Unterstand mit verschiedenen Bündeln aus hohlen Pflanzenstängeln und vorgebohrten Holzwänden, in denen mehrere Wildbienenarten, jedoch auch andere Tierarten Unterschlupf finden oder der Eiablage und des Nestbaues nachgehen. In den Obstbäumen hängen Vogelnist- und Fledermauskästen sowie mit Stroh gefüllte Tontöpfe mit der Öffnung nach unten. »Für Ohrenkneifer«, sagt Jürgen und krault Bruno am Hinterkopf.

Alles wirkt hier zusammen – Biohof einerseits und Pachtgelände mit Heckrindern und Koniks andererseits – und ist ständig in Bewegung. Höfen wie dem von Familie Niederhoff ist es gelungen, in moderne Zeiten überführt zu werden – ohne ihn dem dauerhaft steigenden Wirtschaftsdruck auszusetzen, wie er anderswo herrscht. Nur auf den ersten, flüchtigen Blick wirken Hof und Umgebung wie in einen tiefen Dornröschenschlaf versetzt. Doch handelt es sich bei diesen Menschen, ihren Ideen und der Landschaft, in der sie leben, um keine Landschaft des Stillstandes – sondern ganz im Gegenteil um eine Landschaft des Aufbruches!

STADT – LAND – HOF …

In dieser Landschaft steht auch der Hof Groß Banratz. Das Ehepaar Rosenberg begrüßt uns gemeinsam mit Hartmut Heckenroth und Angelika Hoffmann zur besten Kaffeezeit, allerdings mit Würstchen aus eigens produzierter Wirtschaft. Rosenbergs sind eigentlich keine gelernten Bauern, sondern Seiteneinsteiger. Sie haben 1991/92 diesen wunderbaren Landsitz übernommen und weiter ausgebaut. Beide stammen aus Hamburg und haben sich dort auch kennengelernt. Die Landwirtschaft war beiden ein interessantes Hobby.

Sie betrieben eine Hofstelle im niedersächsischen Quarrendorf und hielten dort zwei Pferde und zwei Kühe, Angus-Kühe, auch Aberdeenrinder genannt. Es handelt sich dabei um eine ostschottische Rinderrasse, die um 1870 erstmals gezüchtet wurde. Durch Einkreuzung mit anderen Rinderrassen wie Gelbvieh und Schwarzbuntes Niederungsrind entstand die Rasse Deutsche Angus.

Direkt nach der Wende erkundete das Ehepaar diesen Landstrich in Elbnähe. Sie stießen auf die zwei Hofstellen Groß Banratz, die bereits im 17. Jahrhundert zum ersten Mal in einer Chronik Erwähnung fanden. Bei Groß Banratz handelte es sich ehemals um ein herzogliches Vorwerk, das irgendwann in seiner Geschichte von zwei Bauernfamilien übernommen wurde. Vor 1945 lebten noch 60 Menschen hier. Die Rosenbergs erwarben die beiden Hofstellen von den Erben. Leider wurden die Bauernhäuser und Ställe bereits zu DDR-Zeiten von der Stasi abgerissen, um ein besseres Schussfeld im Sperrgebiet zu erhalten.

Der Hof besitzt inklusive des Pachtlandes 140 Hektar Fläche. Inzwischen haben die

links | Laubfrösche treffen zwar keine Wettervorhersage, reagieren aber auf Wetterumschwünge und klettern bei Regen – so es sie noch gibt – an der Küchenscheibe empor. Vielleicht um durch einen Kuss erlöst zu werden …?

rechts | Ingo Rosenberg führt Lewitzer »Hannes« auf dem Hof »Groß Banratz«.

Rosenbergs drei neue Ställe aufgebaut mit einer Kapazität für 300 Rinder. 1992 begannen sie mit 140 Gelbviehkühen. Das war die Größenordnung, um wirtschaftlich arbeiten und in die Landwirtschaft hauptberuflich einsteigen zu können. Damals, erinnert sich Ingo Rosenberg mit einem lachenden und einem weinenden Auge, waren sie voller Vermarktungsideen. Doch wurden sie durch Ereignisse ausgebremst, die sie schwer trafen. Gleich zweimal sollte es zur BSE-Krise kommen; dazu kam 2002 der Dioxinalarm an der Elbe – mit dem Ergebnis, die Rinderherde nicht mehr ins Elbevorland treiben zu können. Nun nützte einem die Stadtflucht nichts mehr: Inzwischen wurde man auch auf dem Lande von Umweltskandalen eingeholt.

Als glückliche Fügung sollte sich das Kennenlernen zwischen den Rosenbergs und Hartmut Heckenroth erweisen. Heckenroth brauchte nur wenig Überzeugungsarbeit für alte, gefährdete Haustierrassen zu leisten – 2010 wurde Groß Banratz Arche-Hof. Rosenbergs boten fortan Urlaub auf dem Bauernhof an und starteten noch einmal mit der Selbstvermarktung neu durch. Hinzu kam die Hannoveraner-Zucht, die sie bereits seit 1992 mehr oder weniger intensiv betrieben. Wenn auch mit nur einer Stute begonnen worden war, so stehen heute zwanzig Hannoveraner auf den umgebenden Koppeln. Die Pferde tragen alle Künstlernamen. Da kommen »Belafonte«, »Blondie« und »Blümchen« angelaufen, wenn man mit dem Futtereimer lockt. Im Projekt der Arche werden zum Teil auch die Haustierrassen gefördert, die ihren Ursprung im Ausland, dabei aber wenigstens 10 Prozent ihres Weltbestandes in Deutschland haben. Rosenbergs Faible für britisch-stämmige Rinder folgend, sind auf Hof Banratz entsprechend die wunderschönen Englischen Parkrinder eingezogen.

Das Englische Parkrind oder *White Park Cattle* besitzt eine Geschichte, die sich bis zum Anfang des 13. Jahrhunderts in den Park von Chillingham/Northumberland zurückverfolgen lässt. Dort soll es durch die Eingrenzung weißer Rinder auf die Fläche von ca. 120 Hektar zur Inzucht gekommen sein mit der Folge des Albinismus. Im Großen und Ganzen ist die Haut der Parkrinder pigmentfrei, ihre Augen, Ohren und das sogenannte Flotzmaul sind jedoch schwarz gezeichnet. Bei den Rindern der Rosenbergs kann man auch eine mehr oder weniger starke schwarze Sprenkelung der Gliedmaßen beobachten.

Gefleckt ist auch der Lewitzer Schecke »Hannes«, der auf der Hofkoppel nahe dem

oben | »Englisches Parkrind«

Familienhaus steht. Seine Rasse ist neueren Entstehungsdatums. Gar nicht weit von Preten, so erzählt uns Ingo Rosenberg, begann die Lewitzer Zuchtlinie. Im Großraum Teterow in Mecklenburg-Vorpommern erfolgte ab 1971 – also noch zu DDR-Zeiten – die gezielte Zucht einer regionalen Population gescheckter Kleinpferde. Heute erreichen die Lewitzer, die auch als *Pinto Typ Lewitzer* bezeichnet werden, gerade ein Stockmaß von 130 bis 148 Zentimetern. Uns, die wir noch für einen weiteren letzten Hof am Nordufer der Elbe verweilen wollen, erinnert der gefleckte Hannes etwas an ein »Indianer-Pony«, vielleicht auch an ein »Quarter Horse«.

MIT DEN JAHRESZEITEN LEBEN – OHNE TV!

Ein wenig österreichisches Lebensflair verbreitet Johann Mayer im hohen Norden der Republik. Er, der auf einem Bauernhof in der Steiermark geboren wurde und aufwuchs, und seine Frau Anna, Kosmopolitin, die in Russland geboren wurde und aufwuchs und über Israel und verschiedene Orte in Süddeutschland schließlich Norddeutschland erreichte, haben sich beim Reiten kennengelernt. Das heißt, Anna hatte lange Zeit davor einen schweren Reitunfall und hörte von Johanns außergewöhnlicher Reittherapie für solche Fälle, wie sie einer war und für alle anderen, die sich nicht trauen, wieder von allein auf ein Pferd zu steigen.

Johann hatte 1991 nördlich der Elbe einen kleinen Hof ohne Land entdeckt und erworben. Dann begann er mit Hilfe gutmütiger Mecklenburger Kaltblutpferde spezielle Anfängerseminare mittels theoretischer und praktischer Grundlagenlehre im Umgang mit dem Pferd anzubieten. Dabei folgt er bis heute der Philosophie des US-Amerikaners Pat Parelli. Der setzt auf Kommunikationsfähigkeit, Respekt und Vertrauen zwischen Pferd und Mensch über das Potenzial, das in beiden Arten steckt. Danach pflegt Johann Mayer ein partnerschaftliches Verhältnis zu seinen Pferden. Seine Grundprinzipien können daher nur lauten: fair, freundlich, aber konsequent. Die drei Kaltblüter wissen das und leben das ganze Jahr über in Freilandhaltung inmitten der Herde, die aus gut 20 weiteren Pferden besteht. Für alle Pferde Johanns gilt, dass sie ausgeglichen und dem Menschen zugetan sind.

Das Mecklenburger Kaltblut wird seit Anfang des 21. Jahrhunderts auf der Grundlage des Rheinisch-Deutschen Kaltbluts gezüchtet, da sich der Bestand in den letzten Jahren zusehends verringert hatte. Die Tiere sind wirklich groß und muskulös, besitzen einen mächtigen Kopf und raumgreifende Schritte. Nach Johanns Meinung, der schon seit seinem fünften Lebensjahr engen Kontakt zu Pferden pflegt, eignen sie sich besonders gut für seine Einstiegs- und Therapie-Arbeit. Vor allem aber nimmt er sich Zeit für seine Schüler – und für Anna hat er sich besonders viel Zeit genommen.

Heute betreiben beide gemeinsam den Hof. Land und Kinder sind dazugekommen. Mittlerweile haben sie vier Standbeine zu ihrer Existenzsicherung entwickelt. Pferde und Reitangebote stehen ganz klar im Vordergrund. Und während sich Johann diesbezüglich vor allem um die Erwachsenen und größeren Kinder kümmert, widmet sich Anna den Kleinkindern. Highlights, die die Mayers anbieten, sind immer wieder die langen Wanderritte in die weitläufige Umgebung der Elbtalaue sowie die »Kremserfahrten«, auf denen ein vielsitziger Kutschwagen von den Kaltblütern gezogen wird. Anschließend wird die Stixer Düne erwandert.

Ein weiterer Unternehmenszweig ist der Fahrradtourismus. Der Hof liegt gut positioniert u.a. am fast 1400 Kilometer langen »Grünen Band« des ehemaligen innerdeutschen Grenzverlaufes und steht in Wander- und Fahrradkarten günstig verzeichnet. Und ein Zwischenstopp auf dem Ferienhof Mayer lohnt sich bereits aus kulinarischer

rechts | »Wir sind die Mayers!«

Sicht. Denn Johann, der das Kochen von seiner Mutter gelernt hat, serviert seinen Gästen ein 4- bis 5-Gang-Menü, das zum Beispiel aus einer »Original Steierischen Kürbiscremesuppe«, einem frischen Salat, Brot aus der »Küchenhexe« (einem Holzofen), einem Braten nach Art des Hauses mit in Butter gedünstetem Stangenmangold, Semmelknödeln und Kaiserschmarrn bestehen kann; gewisse Schnäpse aus Heidelbeere, Schlehe oder Kirsche helfen, das Bild des Gastes abzurunden … Johann bedauert nur, dass in dieser Gegend trotz der Obstbaumalleen kein Brennrecht besteht.

Neben der Landwirtschaft als drittes Standbein kommt heute die Tourismusbranche hinzu. Fahrradfahr- und Reitgäste haben die Möglichkeit, für einen beliebigen Zeitraum auf dem Mayer'schen Hof abzusteigen. Zur Unterkunft dienen der umgebaute Schweinestall sowie das liebevoll hergerichtete »Hexenhäuschen«, das Nebengebäude, das früher eine alte Frau mit ihren dreißig Katzen als eine Art Sommerresidenz bewohnte.

Beim Hauptgebäude, das der Bauer ursprünglich gemeinsam mit Pferd und Kuh bewohnte, handelt es sich um ein gegen 1840 erbautes, sogenanntes Zweiständerhaus mit einer Grundfläche von 140 Quadratmetern. Zweiständerhäuser sind ein Typ von Hallenhäusern, deren zwei Ständerreihen die Deckenbalken tragen. Die Ständerreihen sind der Länge nach im Haus angeordnet und bilden die für den Haustyp charakteristische »Deel« (Diele), den größten und vielleicht wichtigsten Raum. Er diente mit seinem in der Regel

oben | Kaltblutpferde sind von einem ganz besonderen Schlag.

gestampften Lehmboden vielerlei Zwecken wie dem Einbringen der Ernte, die dann auf dem darüberliegenden Dachboden eingelagert wurde, dem Trocknen der Vorräte, Spinnen der Wolle, Dreschen des Getreides und Brechen des Flachses. Hier kam man aber auch zusammen, um zu feiern (»Dans op de Deel«) oder die jüngst Verstorbenen aufzubahren und Abschied von ihnen zu nehmen.

Die Mayers haben große Teile des Hofes durch Eigenleistung restauriert und in den Originalzustand versetzt. Aufgrund des akuten Handwerkermangels direkt nach der Wende sah sich besonders Johann genötigt, das Ausfachen mittels eines Handbuches schnell zu lernen. Es fiel dem studierten Schiffsingenieur, der zwischenzeitlich zur See gefahren war und zehn Jahre seines Lebens in Hamburg lebte, nicht sonderlich schwer, sich alle nötigen Fertigkeiten anzueignen. Schwierig dagegen war es heutzutage, echte Schweineborsten zu bekommen. Als auch das endlich gelang, konnte die Arbeit beginnen. Da wurde die Kelle geschwungen und der Lehm angerührt. Der ehemalige Schweinestall musste entkernt werden, da sich Feuchtigkeit und Geruch festsetzten. Aus dem Grunde sind seit Beginn der Schweinehaltung diese Tiere stets separat außerhalb des Hallenhauses untergebracht worden: Auch wenn Schweine sehr reinlich sind, so vertragen doch Menschen den starken Ammoniakgeruch in der Regel nur schlecht.

Das Gefache wurde zunächst mit achtseitig angekanteten Eichenpfosten ausgestakt und mit Zweigen der Korbweide ausgeflochten. Danach erfolgte der erste Anwurf mit einem Gemisch aus Lehm, Strohhäcksel und Rinderdung. Der Lehm war mit einer Zugabe von Sand abgemagert worden. Ob das Gemisch stimmt, wird mittels Biegeprobe festgestellt. Der Anwurf wurde von beiden Seiten gleichzeitig vorgenommen, um das Herausspritzen des Gemisches möglichst gering zu halten. Und auch wenn einige Handwerker vielleicht nicht so viel davon halten, so mischte Johann seinem Putz doch die mühevoll erstandenen Schweineborsten unter, die die Aufgabe der Armierung (Bewehrung) übernehmen sollen entsprechend der Stahlarmierung im Beton. Beton verfügt im Vergleich zur Druckfestigkeit nur über eine geringe Zugfestigkeit; bei Stahl verhält es sich gerade umgekehrt. Im Stahlbeton wie im armierten Lehmputz sollen mit der jeweiligen Kombination unnötige Risse verhindert werden. Jedoch ist davon auszugehen, dass der Lehmputz auch ohne entsprechende Armierung bei guten Putztemperaturen rissfrei bleibt, wenngleich Denkmalpfleger oft danach verlangen. Die Wände sind 14 Zentimeter stark und werden mit weichem Klinker vermauert, bei denen Kalkmörtel (Mischung aus gelöschtem Kalk und Sand) ohne Zementzusatz als Innenputz zum Einsatz gekommen ist. Im Ergebnis besitzen die Gästezimmer auf dem Ferienhof Mayer auf alle Fälle ein wunderbar angenehmes, ausgleichendes Raumklima, wenn es draußen heiß und brutig ist. Dafür sorgen auch die sechs Zentimeter starke Luftschicht zwischen Fachwerkwand und Klinker sowie die drei Zentimeter starke Luftschicht zwischen den Böden, die auf Kanthölzern aufliegen, und der Lehmauffüllung darunter, die für eine gute Zirkulation sorgen.

»Wir leben mit den Jahreszeiten!« sagt Anna, die einmal Krankenschwester gelernt hat und in der Gästebetreuung heute den sozial-pädagogischen Touch verantwortet. Sie sorgt dafür, dass auch ihre eigenen Kinder bereits mit größtmöglicher Naturverbundenheit aufwachsen. Auf dem Hof können sie erleben, wie eine Blindschleiche schnell verwirkt hat, wenn sie unter die Schnäbel der Hühner gerät und diese nicht eher Ruhe geben, bis der »dicke Brocken« ganz heruntergeschlungen ist; sie lernen, dass kleine Eichhörnchen noch unreife Haselnüsse ernten, im nächsten Moment aber schon selber im Fang der Hofkatze enden können; und wer genau aufpasst, kann feststellen, das die sattgelbe Farbe der Eier, die den Kuchen färbt, daher rührt, dass die Hühner freien Auslauf haben und sich ihr Futter selbstständig zusammensuchen.

Sie haben längst gelernt, dass alles zum großen Kreis dazugehört – und nichts ohne das andere auskommt.

Die Kinder achten aufeinander und lernen in Abhängigkeit von den Jahreszeiten mit ihrer Energie zu haushalten. Auf dem Hof der Mayers wird mit Solarenergie und Kachelofen geheizt. Schnell haben die Kinder begriffen, wie anstrengend es ist, das gehackte Holz ins Haus zu schaffen und wie schnell die erzeugte Wärme das Haus wieder verlässt, wenn man vergisst, die Tür zu schließen. »Es ist wunderbar zu sehen, wie sich die Kinder gegenseitig erziehen«, sagt Anna zufrieden.

Ab Herbst kehrt etwas mehr Ruhe auf dem Hof ein. Doch auch jetzt gibt es keine Zeit für Fernsehen – weil es kein Fernsehgerät auf dem Hof gibt. »Wir haben uns ganz bewusst dagegen entschieden«, erklärt Johann auf seine österreichische Art der Lässigkeit und des Witzes und nie ganz ohne Schmäh. »Wir genießen lieber die besondere Atmosphäre, wenn sich die ganze Familie im Kachelofenzimmer zusammenfindet.«

WILDNIS VOR DER HAUSTÜR

Es ist Sommer geworden, und die zunehmende Hitze klopft an die Tür. Mauersegler und Großlibellen stehen in der Luft. Zwar flimmert die Heißluft von den Dächern der umliegenden Höfe, doch genießen wir die kühlen fünf Minuten der Elbüberfahrt. Wir reisen in Richtung Süden und nutzen die Fähre dafür. Ganz kurz müssen wir an Siegrun Hogelücht denken, die nicht weit von hier ihre Floßfahrten anbietet.

Am anderen Ufer tauchen wir in eine beschauliche Landschaft ein. Das flache Gestade geht rasch in Hügel über, deren Bäume und Schatten uns gnädig sind. Einen älteren Herrn, der an seinem Gartenzaun rücklings lehnt, fragen wir nach dem letzten Teil des Weges: »Nach Walmsburg?« – »Joo, immer geradeaus.« Und wir wollen noch wissen, ob er weiß, wo das Wendland aufhört und anfängt? – So genau wisse er das auch nicht, aber es liege im Grenzbereich zwischen Brandenburg, Mecklenburg-Vorpommern, Niedersachsen und

unten | Andrea Funcke beim Schaftrieb mit Hilfe ihrer Border Collies »Fly« und »Tough«

Sachsen-Anhalt. Niemand könne wohl bis auf den letzten Baum, den letzten Stein sagen: Genau hier endet das Wendland – aber wenn man mittendrin ist, dann weiß man es und darüber wären sich alle einig.

In jedem Fall wird das Wendland im Norden von der Talaue der Elbe begrenzt. Und seinen Kern bildet das Hannoversche Wendland im Landkreis Lüchow-Dannenberg in Niedersachsen. Direkt an Elbuferstraße und Kreisgrenze im benachbarten Landkreis Lüneburg liegt der kleine Ort Walmsburg und darin als letzter Grund vorm Deich der heimelige »Funckenhof«. Walmsburgs historischer Kern ist in einem halbkreisförmigen Rundlingsdorf angeordnet.

Eine ganze Weile noch begleitet uns der leichte Elbatem durchs geöffnete Autofenster und findet doch sein jähes Ende in dem Geruch von Schafen. Schafe in der Nähe von Deichen sind Normalität, denkt man. Doch diese hier sehen irgendwie anders aus. Auf dem »Funckenhof« begrüßt uns Andrea Funcke, die uns neben ihren beiden Border Collies »Fly« und »Tough« dazu verpflichtet, ihr beim Einfangen flüchtiger Lämmer zu helfen. Ihre Schafe, das sind sogenannte Guteschafe mit einem unheimlich spannenden Hintergrund. Guteschafe gehören zu den Rassen nordischer Kurzschwanzschafe, die vor allem in Schweden gehalten werden. Die Tiere sind in ihrem Ursprung auf gehörnte gotländische Freiweideschafe zurückzuführen. Guteschafe gelten als die älteste rezente schwedische Schafrasse und gehören damit wohl auch zu den ältesten nachweisbaren Schafrassen überhaupt. Man nimmt an, dass die Tiere bereits in der Bronzezeit so oder ähnlich ausgesehen haben und beschaffen waren. Der Tierpark Berlin-Friedrichsfelde war maßgeblich an ihrer »Rettung« beteiligt. Postmodern beginnen sie sich allmählich auch in Landstrichen Deutschlands und Dänemarks als robuste Landschaftspfleger durchzusetzen – anfänglich als gute Lösung des Problems zur Pflege von Küstenvogelschutzgebieten (zum Beispiel weitgehend unbewohnter Inseln).

rechts | Die »Diepholzer Gans« ist vielleicht der »bessere Wachhund«.

Andrea pflegt eine innige Beziehung zu ihren Tieren, zu denen neben den Collies und Guteschafen auch Pommernschaf »Nele« und Ostfriesisches Milchschaf »Libelle«, die Esel »Rasmus« und »Lobosch« sowie Muli »Geronimo« gehören. Außerdem leben Hühner wie die Ostfriesischen Möven, Pommern- und Warzenenten, Diepholzer Gänse sowie die Katzen »Oskar«, »Katze« und »Ludwig« in Haus und Hof. Viele der Tiere halten auch untereinander Freundschaft, wie einer der Hunde zu einem Schaf und eine der Gänse zum Maultier. Daneben lebt hier eine unglaublich hohe Zahl wilder Tiere, die Andrea genauso willkommen sind wie ihre eigenen Haustiere.

Ursprünglich hat Andrea einmal Landschaftsplanung in Berlin studiert. Danach hat sie in verschiedenen ökologisch ausgerichteten Landwirtschaftsbetrieben gearbeitet und sich zudem in der Altenpflege und Sterbebegleitung engagiert. Sie kartierte Biotope und Brutvögel, arbeitete in Cafés und Restaurants, aber auch in Bäckereien, Hotels und Bioläden. Als pädagogische Fachkraft unterstützt sie bis heute Museumsdörfer und Umweltzentren.

Sie war bereits weit herumgekommen, als sie 2007 auf den speziellen Resthof ihrer Träume traf. Zwar trug der noch Spuren des vorletzten Jahrhunderthochwassers in sich, doch für Andrea war es »Liebe auf den ersten Blick«. Hier beschloss sie, dem allgemeinen »auf Profit ausgerichteten Wirtschaftssystem«, wie sie sagt, »eine Alternative entgegenzusetzen.« Für sie bedeutet das, seit etwa 20 Jahren die Philosophie der Subsistenzwirtschaft in Theorie und Praxis zu leben.

Davon ausgehend, dass Menschen in den verschiedenen Jagd-, Sammler- und die durch Landwirtschaft geprägten Gesellschaften der Vergangenheit ein gutes Auskommen für sich und ihre Nächsten hatten – also Erwerb und Arbeitsaufwand miteinander im Einklang standen und selbst über Zeiten des Mangels halfen – hat Andrea beschlossen, es ihnen gleich zu tun: »Noch vor etwas mehr als 130 Jahren war es möglich, von der Produktion einer einzigen Kuh zu leben und sich ein Haus zu bauen – so ist der Funckenhof entstanden.«

Über die (Überlebens-)Geschichte der sogenannten »kleinen Leute« und die Landschaftsgeschichte sei sie zu den Arbeitstechniken gekommen, die das Bild der Landschaft prägen, erklärt Andrea. Es hinge von der Wirtschaftsweise ab, welche Lebewesen in der jeweiligen Landschaft ein Zuhause finden können. Auf ihren inzwischen 10 Hektar Weide- und Gartenland mit rund 80 Schafen versucht sie, ihre Ideen umzusetzen. Sie würde sich aber nie als Aussteigerin bezeichnen, da sie zu keinem Zeitpunkt in das »normale Leben« eingestiegen wäre.

links | Der »Funckenhof«

rechts und nächste Seite | Igel und Maulwurf – zwei Insektenesser als wilde Hofbewohner

Vielleicht eher schon als Nonkonformistin, die »gegen den Strom schwimmt« – und das in unmittelbarer Nähe der Elbe.

»Jeder Fortschritt und jeder Wandel in der Geschichte kommt von Nonkonformisten. Wenn wir keine Dissidenten hätten, lebten wir noch in Höhlen.«
Alan J. P. Taylor

Andere Menschen zeigten viel Interesse an ihrer für postmoderne Zeiten eher ungewohnten Lebensart, erzählt uns Andrea, nachdem Fly und Tough die Lämmer wieder in die Richtung ihrer Muttertiere gebracht haben. Aus dem Grunde habe sie 2001 das »MoMiMu« gegründet: das »Mobile Mitmach Museum« – das durch die Entdeckung und Einrichtung des Funckenhofes sesshaft wurde. Nun lassen sich die

aufgeschlossenen Besucher dort auf Exkursen und in Seminaren stundenweise in die Anderswelt entführen. Und Andrea hat uns und ihnen viel zu berichten. Eines Tages brachten ihre Katzen einen ausgewachsenen Fuchs mit nach Hause, anderentags standen neun Graugansküken mutterseelenallein vor der Tür, die der damalige Warzenentenerpel »Donald« daraufhin sofort adoptierte. Einmal freundeten sich ihre Hunde mit einem Kranichpaar an, verliebte sich ein Ganter in das Maultier und drei Rehe kamen eigens, um den Hunden beim Schafehüten zuzusehen. Solche und ähnliche Geschichten müssen sich auch früher zugetragen haben.

Wenn die Hühner, Enten und Gänse gefüttert werden, kommen etliche Mitesser angeflogen, allen voran Haus- und Feldsperlinge, Goldammern, Stieglitze, Buch- und Grünfinken. Auch bei der Gartenarbeit hat man stets Begleiter. Amseln, Singdrosseln und Rotkehlchen sind immer bereit, einen guten Happen in Form einer Insektenlarve oder eines Wurms zu ergattern. Bachstelzen, Hausrotschwänze und Rauchschwalben brüten jeden Sommer im und am Haus. Und Ringelnattern, Gras- und Moorfrösche, Erdkröten, Teich- und Kammmolche bevölkern den Garten. Sperber und Habicht haben hier ihr Jagdrevier. Selbst Braun- und Schwarzkehlchen schauen ab und zu vorbei. Vor allem im Winter sind Brandmäuse, Verwandte der Waldmaus, jedoch mit einem schwarzen Aalstrich über den Rücken verlaufend, regelmäßige Gäste an den Futterschüsseln.

rechts | Ob nun im Business- oder Abchill- und Cocktailgewand – im neuen Zuhause auf dem Lande kann alles Städtische abgelegt werden.

Mit nichts und niemandem würde Andrea tauschen wollen, besonders nicht, wenn sie dabei an ein mögliches Leben in der Enge der Großstadt denkt oder das Hetzen nach noch mehr Profit ohne echte Zufriedenheit am Abend. Und diesen möchte sie auch zukünftig mit Freunden bei einer ruhigen Tasse Tee genießen, mit selbst erwirtschaftetem Käse und selbst gebackenem Brot, umgeben von ihren Tieren, während die Nachtfalter und Fledermäuse um die Hoflaterne sirren. Andrea Funcke – sie gehört aus unserer Sicht zu den wenigen Menschen heute, bei denen der »Groschen« bereits gefallen ist, die erkannt haben, dass der Gesinnungswandel nicht länger vor uns hergeschoben werden darf und aktuell Handlungsbedarf besteht!

»Reichtum liegt im Ermessen der BetrachterInnen« denkt sie laut zum geplanten Abschied, da wir wieder aufbrechen müssten. Und: »Wohin soll die Reise gehen?«

Wir wollen keinem besonderen Hof, sondern einem Misthaufen unseren Besuch abstatten und die Tier- und Pflanzenwelt daran unter die Lupe nehmen. »Mist? Da braucht ihr nicht weit zu fahren«, sagt Andrea. Und so bleiben wir noch etwas auf dem Funckenhof, um unsere Kameras in Position zu bringen und sind gespannt, was uns erwartet.

»Wenn alle im Grünen wohnen wollten, änderte sich die Farbe bald.«
Micha Dudek

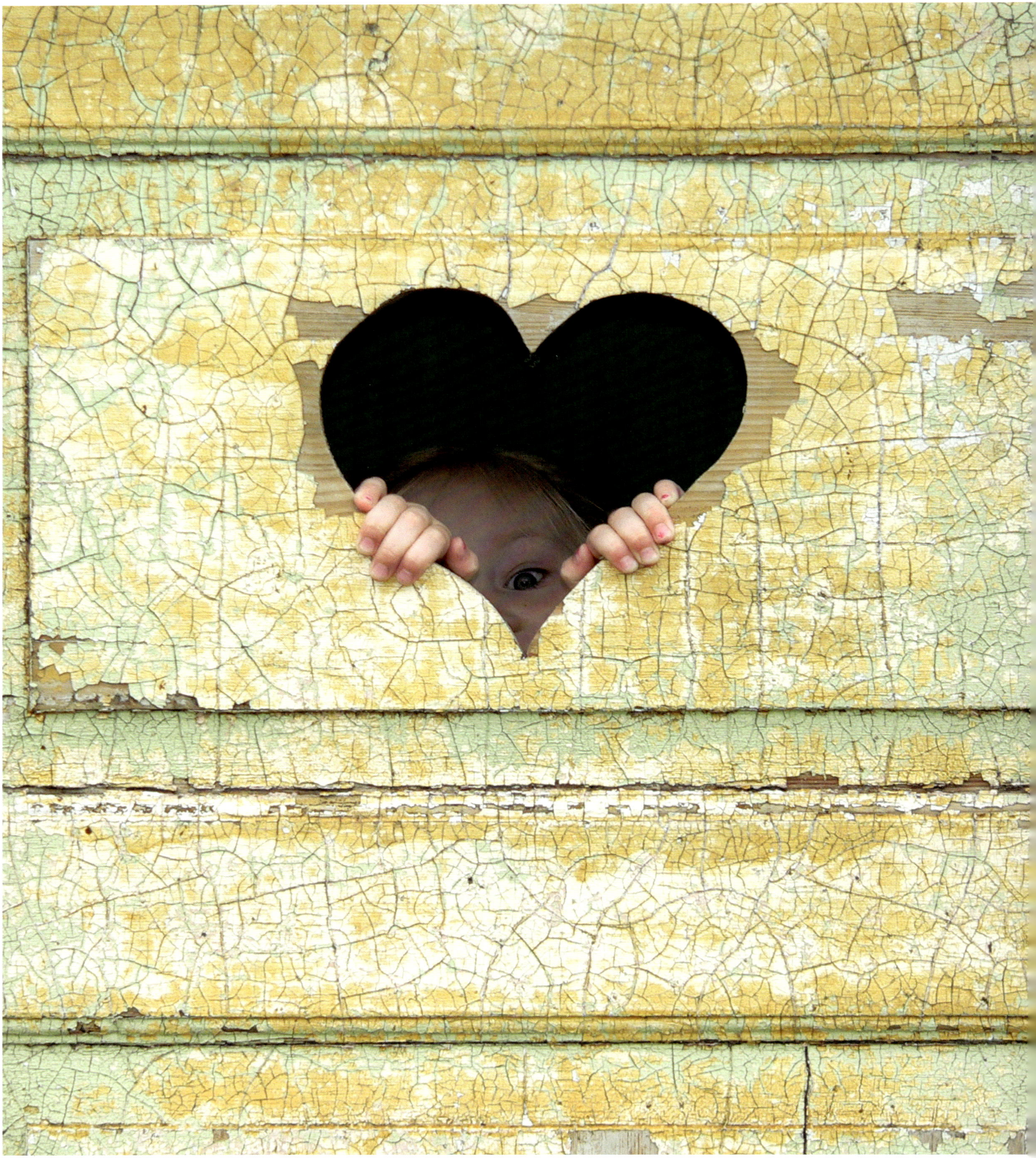

Ihre Meinung ist uns wichtig!

Diese Karte lag in dem Buch:

Ihre Meinung zu diesem Buch:

....
....
....

Wie sind Sie auf dieses Buch gestoßen?

- ○ Buchbesprechung in:
- ○ Anzeige in:
- ○ Verlagsprospekt
- ○ Entdeckung in der Buchhandlung
- ○ Internet
- ○ Empfehlung
- ○ Geschenk

Für welche Themen interessieren Sie sich?

- ○ Garten & Wohnen
- ○ Kochen & Genießen
- ○ Kalender & Geschenke
- ○ Kinder & Familie
- ○ Psychologie & Lebenshilfe
- ○ Spiritualität & Lebenskunst
- ○ Religion & Theologie
- ○ Geschichte/Geschichtswissenschaft
- ○ Landeskunde Südwestdeutschland

Fordern Sie unsere aktuellen Themenprospekte an:

bestellungen@verlagsgruppe-patmos.de
Fax +49.711.4406-177
Tel. +49.711.4406-194

Einen Überblick unseres **Gesamtprogramms** finden Sie unter
www.thorbecke.de sowie **www.verlagsgruppe-patmos.de**

PATMOS
ESCHBACH
GRÜNEWALD
THORBECKE
SCHWABEN

Die Verlagsgruppe
mit Sinn für das Leben

Antwort

JAN THORBECKE VERLAG
VERLAGSGRUPPE PATMOS

Senefelderstraße 12
D-73760 Ostfildern

Liebe Leserin, lieber Leser,

gerne informieren wir Sie künftig über unsere Neuerscheinungen. Teilen Sie uns mit, für welche Themen Sie sich interessieren und schicken einfach diese Karte zurück.
Wenn Sie außerdem unsere Fragen auf der Rückseite beantworten, helfen Sie uns, zukünftig genau die Bücher zu machen, die SIE interessieren!

Gerne revanchieren wir uns für Ihre Mühe:
Unter allen Einsendern verlosen wir monatlich Bücher aus unseren Programmen im Wert von € 50,-

VORNAME / NAME

STRASSE / HAUSNUMMER

PLZ / ORT

E-MAIL

Bei Angabe Ihrer Mail-Adresse erhalten Sie rund 6 Mal jährlich unseren Newsletter, der Sie über die uns genannten Themenbereiche informiert.

Kleinvieh mag auch Mist

»So ein Mist!« Viel Gutes verbindet man wirklich nicht mit dem Ausdruck. Doch nicht alles ist gleich schlecht an Mist, Dung und anderen Hinterlassenschaften großer und kleiner Tiere. Genügend Arten von Tieren, Pflanzen, Pilzen und Bakterien haben sich explizit an diesen speziellen »Standort ohne Mangel« anpassen können, der dort entsteht, wo der Mensch regelmäßig wirtschaftet. Misthaufen, Schweinekoben, Hühnerhöfen, Gänse- und Sauwiesen gemeinsam ist der Überschwang an Nährstoffen, besonders des Stickstoffes. Stickstoff ist in seiner chemischen Verbindung mit Wasserstoff als Ammoniak durch seinen beißenden Geruch jedermann bestens vertraut. Während wir uns daran stoßen, zieht er andere Lebensformen magisch an. Wenn viele der sich hier versammelnden Dungkäfer und Fliegen auch in übriger Umgebung vorkommen und sich dort mit weniger bescheiden, kommt eine beträchtliche Anzahl »dörflicher Ruderalvegetation« eben nur dort vor in sonst magerer Umgebung. Zumindest tat sie das noch bis vor Kurzem – heute gehören die Mitglieder dieser Pflanzengesellschaften zu den am meisten gefährdeten in ganz Deutschland.

AUF DIE SCHLICHE KOMMEN — VON HÖFEN UND HAUFEN

Seit wie vielen Jahrmilliarden sie es auch immer tun mag: An jedem nächsten Morgen ist es spannender als zuvor, die Sonne erwachen zu sehen. Und das findet auch der Hahn, wenn er als Erster morgens auf den Misthaufen steigt und aus vollem Halse kräht. Er kräht hier auf europäischen Höfen ebenso wie es seine Vorfahren im fernen Indien taten.

Steigt die Sonne langsam höher, werden auch andere Organismen aktiv. Die ersten Fliegen kreisen um den Mist, noch klamme Morgenhummeln besuchen die Blüten der nahen Malven und Borretschgewächse mit ihren nickenden Blütenständen. Solange der Boden feucht ist und sich günstigerweise Pfützen in unmittelbarer Nähe frisch abgesetzter Eselsäpfel halten, taucht von Mitte Juni bis Anfang August ein prächtiger Falter an ihnen auf. Der Große Schillerfalter (*Apatura iris*) ist kein Blütenbesucher wie Segelfalter, Schwalbenschwanz und Tagpfauenauge. Er bevorzugt als erwachsener Falter die Nährstoffe der Fäkalien und Urinstellen großer Säugetiere. Er ist der heimliche Star des Hochsommers und zeigt ein Stück weit intakte Welt an. Wo ihm begünstigende Faktoren fehlen, schwindet seine Art in rascher Schrittfolge. Und schnell folgen ihm dann andere Arten, so dass ihm eine wichtige Indikatorrolle zukommt.

Auch fällt dem *Apatura iris* die Rolle des stillen Protagonisten im Erfolgsroman »Brendon Chase – Im Schatten der Eule« von Denys Watkins-Pitchford (B. B.) zu. Im Buch geht es im Wesentlichen um drei Jungen, die der strengen Obhut ihrer Tante entkommen wollen, um die Internatsferien im nahen Forst verbringen und das Leben eines Robin Hood leben zu können. Über die Figuren des dickbäuchigen Pfarrers Whiting, von den Jungen bloß »Weißfisch« genannt, und des alten Köhlers Smokie Joe erfährt man, dass der Große Schillerfalter nur in der Kühle des Morgens an Pfützen und Körpersäften säuft, mit

oben links nach unten links | Misthaufen am Rand einer Weide in den Voralpen: Eiablageplatz der Ringelnatter | »Guten Morgen!« – schlüpfende Ringelnatter | Ringelnatter-Porträt | Freigelegte, geschlüpfte Eier einer Äskulapnatter in einem Schnittguthaufen. Das Gelege befand sich rund 30 Zentimeter unter der Oberfläche im sich zersetzenden Bereich des Haufens.

oben | Kleinvieh mag und macht Mist: Dort wo Hühner und Kaninchen gehalten werden, übernehmen diese eine Art »Katalysatorfunktion«, indem sie eine Beschleunigung im Umsatz der Nährstoffe anregen. Von den dabei anfallenden Produkten profitieren u.a. Ringelnattern, Nashornkäfer und ganze Pflanzengesellschaften, welche auch gern einmal als »Kratzfussgesellschaften« bezeichnet werden. Alle sind durch ein Zuviel an falschem Ordnungssinn stark gefährdet.

zunehmender Mittagshitze aber in die höchsten Kronen alter, knorriger Eichen steigt, um Sonne zu tanken und sich an austretenden Baumsäften gütlich zu tun. Für die Eiablage jedoch bevorzugt der Edelfalter Salweiden, die schattig stehen, vielleicht am Eingang zu einem luftfeuchten Wald mit noch ungeteerten Wegen. »Der richtige Ort für den Großen Schillerfalter! Und dann … sah er (Weißfisch) ihn. Ganz plötzlich sah er ihn, das herrliche, königliche Insekt seiner Träume! Es kam ihm den Weg hinunter entgegen und ließ sich für einen Augenblick auf einem Blatt nieder. Dann, als er, zitternd vor Aufregung, näher kam, schwang es sich himmelwärts in die Krone einer Eiche. Da konnte er es sehen, wie es, weit außerhalb seiner Reichweite, um einen der obersten Zweige herumgaukelte, ihn zu verspotten schien, der Unerreichbare, das Juwel, der König der Schmetterlinge! Wahrhaft majestätisch die Form, die Farbe und die Flugfiguren.« – Unsere Höfe schreiben und erzählen ihre eigenen Geschichten, und die des Schillerfalters kann dazu gehören.

Der Misthaufen auf Andrea Funckes Hof bietet Vielen Unterschlupf. Die bis zu 12 Zentimeter langen Larven des Nashornkäfers verbringen beispielsweise einige Jahre hierin, bevor über ein Verpuppungsstadium schließlich ein prächtiger Käfer mit zumindest für die männlichen Vertreter markantem Horn im Kopfbereich daraus schlüpft. Die braunen Dungfliegen gehören zu den auffälligen und häufigen Besuchern auf frischem Mist. Über 140 Arten von ihnen sind allein für Mitteleuropa nachgewiesen. Ihre Larven besitzen zwei Fortsätze zur Atmung am Hinterleibsende. Die Vollinsekten müssen sich besonders vor den gelb-schwarz-geringelten Kotwespen in Acht nehmen, die sich ruckartig bewegen und hier in Sprüngen jagen. Ebenfalls zu den regelmäßigen Besuchern frisch abgesetzten Mistes zählt die Gruppe der sogenannten Schwingfliegen. Diese Zweiflügler fallen besonders durch die gleichmäßig vorgetragenen, rudernden Bewegungen der oft mit einem dunklen Punkt gekennzeichneten, sonst transparenten Flügel auf. Zunächst entdeckt man meist einige Vertreter auf der Vegetation, bevor man etwas Mist findet, der von der Schubkarre gefallen ist oder auf einen frischen Hundehaufen stößt.

Als Nächstes gleitet uns eine Ringelnatter vor die Kamera. Die Ringelnatter ist die in Deutschland mit deutlichem Abstand am weitesten verbreitete Schlangenart. Dennoch ist sie den meisten Menschen im Aussehen nurmehr über die Literatur wie etwa Kinderbücher vertraut. Auf die Idee, sie über Bruthilfe zu fördern, würde kaum jemand kommen. Doch die Ringelnatter ist relativ »anspruchslos« und leicht zufriedenzustellen.

Die meisten einheimischen Eidechsen- und Schlangenarten sind eierlegend. Die Eier werden an mikroklimatisch günstigen Plätzen abgelegt und dann in ihrer Entwicklung sich selbst beziehungsweise den abiotischen Faktoren überlassen – im Gegensatz zu den meisten Vögeln betreiben sie keine aktive Brutpflege. Die Eiablageplätze der Ringelnatter müssen ein Mindestmaß an Feuchtigkeit und Wärme aufweisen. Solche Bedingungen können natürlicherweise Haufen aus organischem, verrottendem Material bieten, wie sie alte Baumstämme und Schwemmholzhaufen liefern. In der Kulturlandschaft können Hohlräume in

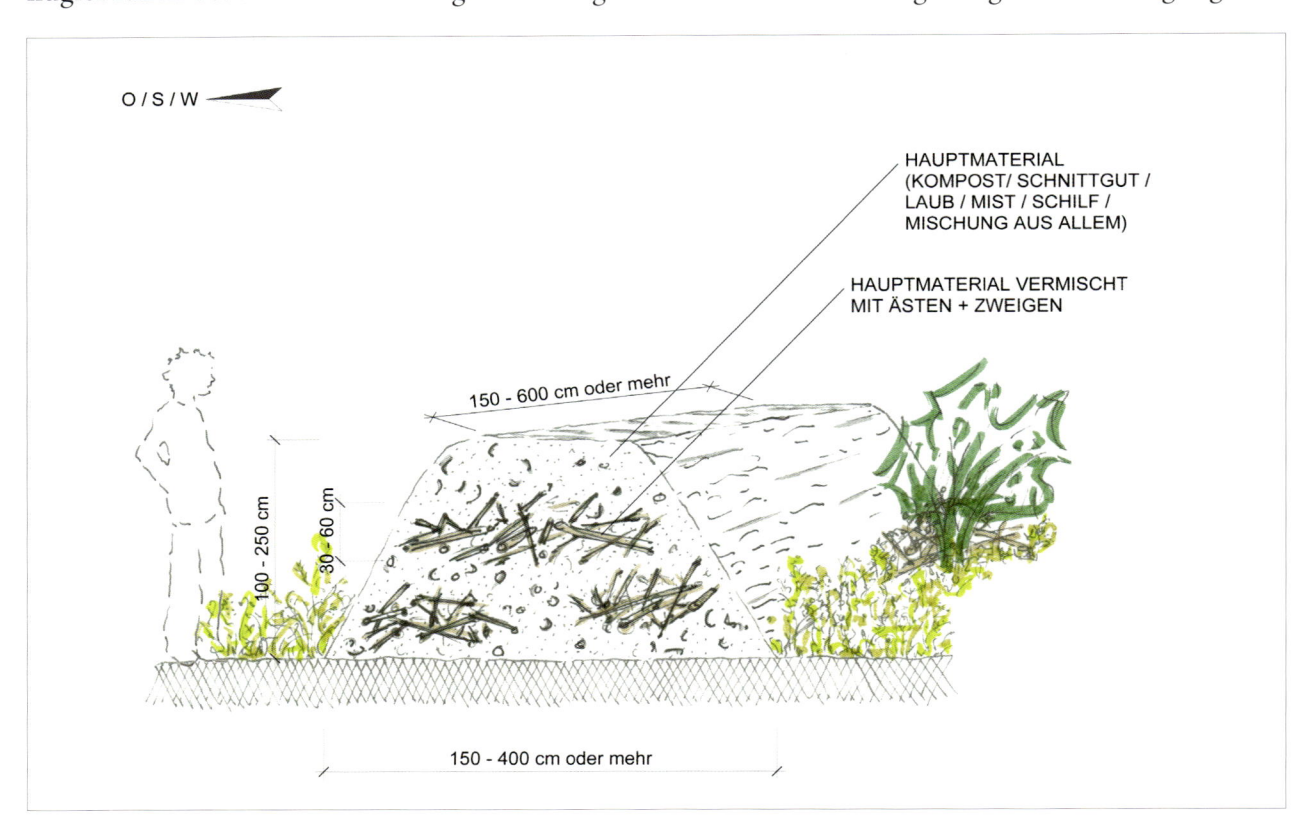

links und rechts | Grafik – Möglicher Aufbau eines Schnittguthaufens als Eiablageplatz für die Ringelnatter

Mauerwerk, Kompost-, Schnittgut-, Sägemehl- und Misthaufen ebenso wie Heu-, Stroh- und Getreidemieten (letztere werden regional gern als Triste, Heinze oder Dieme bezeichnet) durchaus gleichwertigen Ersatz schaffen.

Die *Koordinationsstelle für Amphibien- und Reptilienschutz in der Schweiz (karch)* gibt dazu folgende Anregungen. Für die aktive Unterstützung von Ringelnattern und anderen Schlangen sollte nach Möglichkeit ein Standort gewählt werden, aus dessen nächster Umgebung bereits Eiablagestellen bekannt sind. Der Standort des zusätzlichen Angebotes sollte ebenfalls mäßig sonnig bis halbschattig sowie wind- und hochwassergeschützt und in deckungsreicher Umgebung gelegen sein. Das Material, aus dem man Haufen aufschichtet, sollte aus unmittelbarer Umgebung stammen und kann Gartenkompost, Schnittgut aller Art sowie Laub beinhalten; außerdem können Äste, gehäckseltes Schilfrohr, Mist und Sägemehl Verwendung finden.

Große Haufen nennt die *karch* grundsätzlich besser geeignet als kleine! In einer Größe unter einem Kubikmeter Volumen haben sich Haufen als wenig sinnvoll für die Nutzung durch Schlangen zur Eiablage gezeigt. Gut sind Anlagen mit einem Haufen zwischen zwei und fünf Kubikmetern Volumen; als besonders wertvoll haben sich diesbezüglich sehr große Haufen von sechzig Kubikmetern und darüber hinaus erwiesen. Günstig ist auch eine variable Schichtung aus unterschiedlich großem Material, damit die Schlangen freien Zugang genießen und eine gute Durchlüftung gewährleistet ist. Dabei ist es im Prinzip egal, wann eine oder mehrere solcher Anlagen aufgeschichtet werden; nur wenn man Nachwuchs im selben Jahr erhofft, sollten die Haufen bis Ende Mai eingerichtet sein und bereits Zersetzungswärme produzieren. Alle zwei Jahre sollten die Haufen ersetzt werden oder jährlich zumindest mit zusätzlichem Material versehen werden.

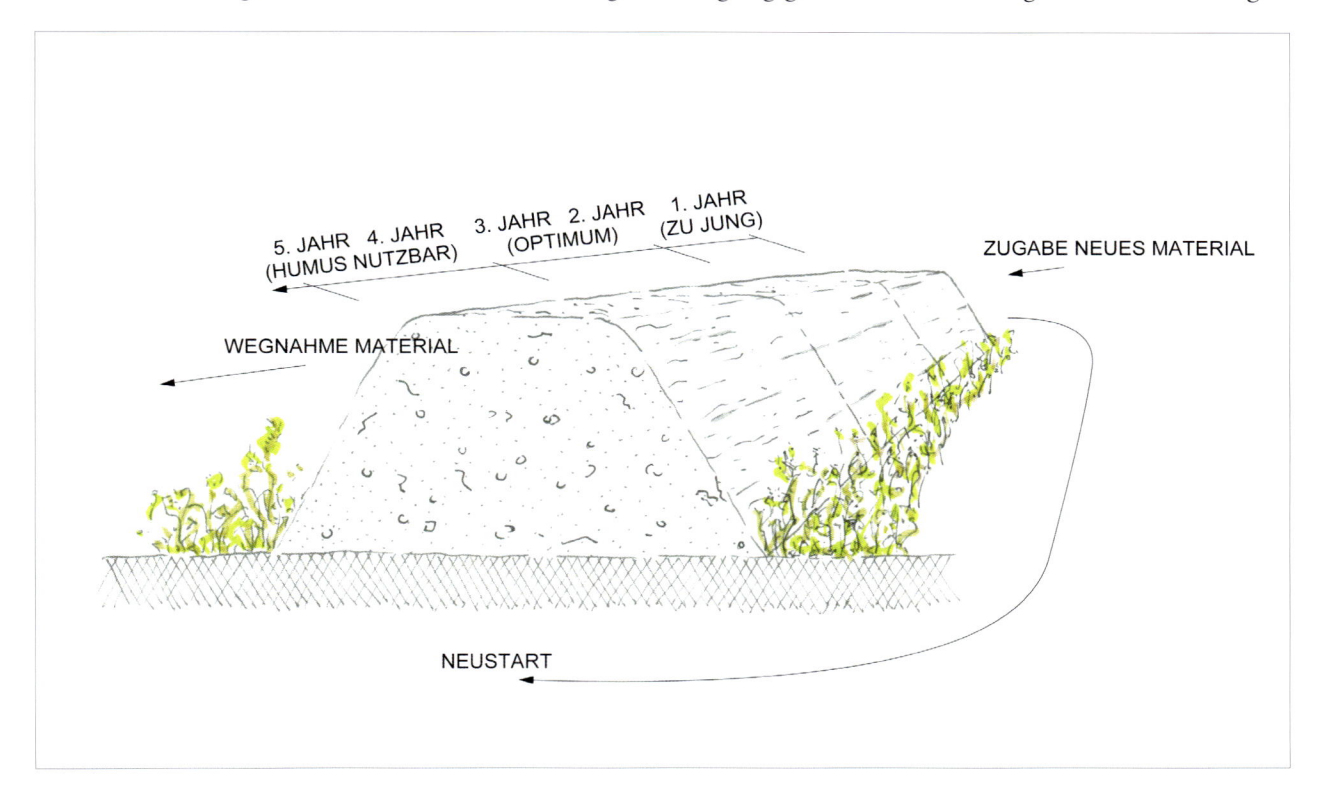

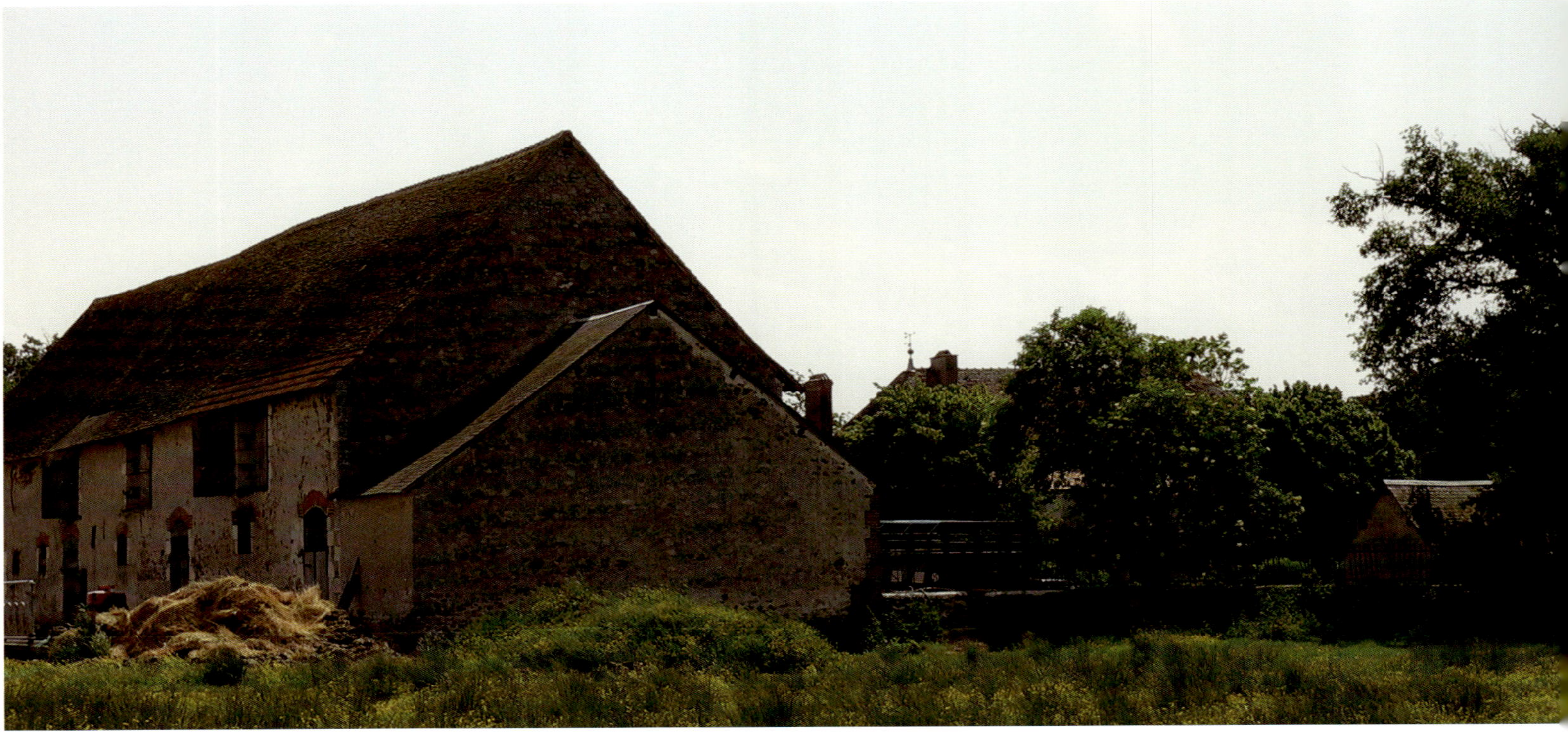

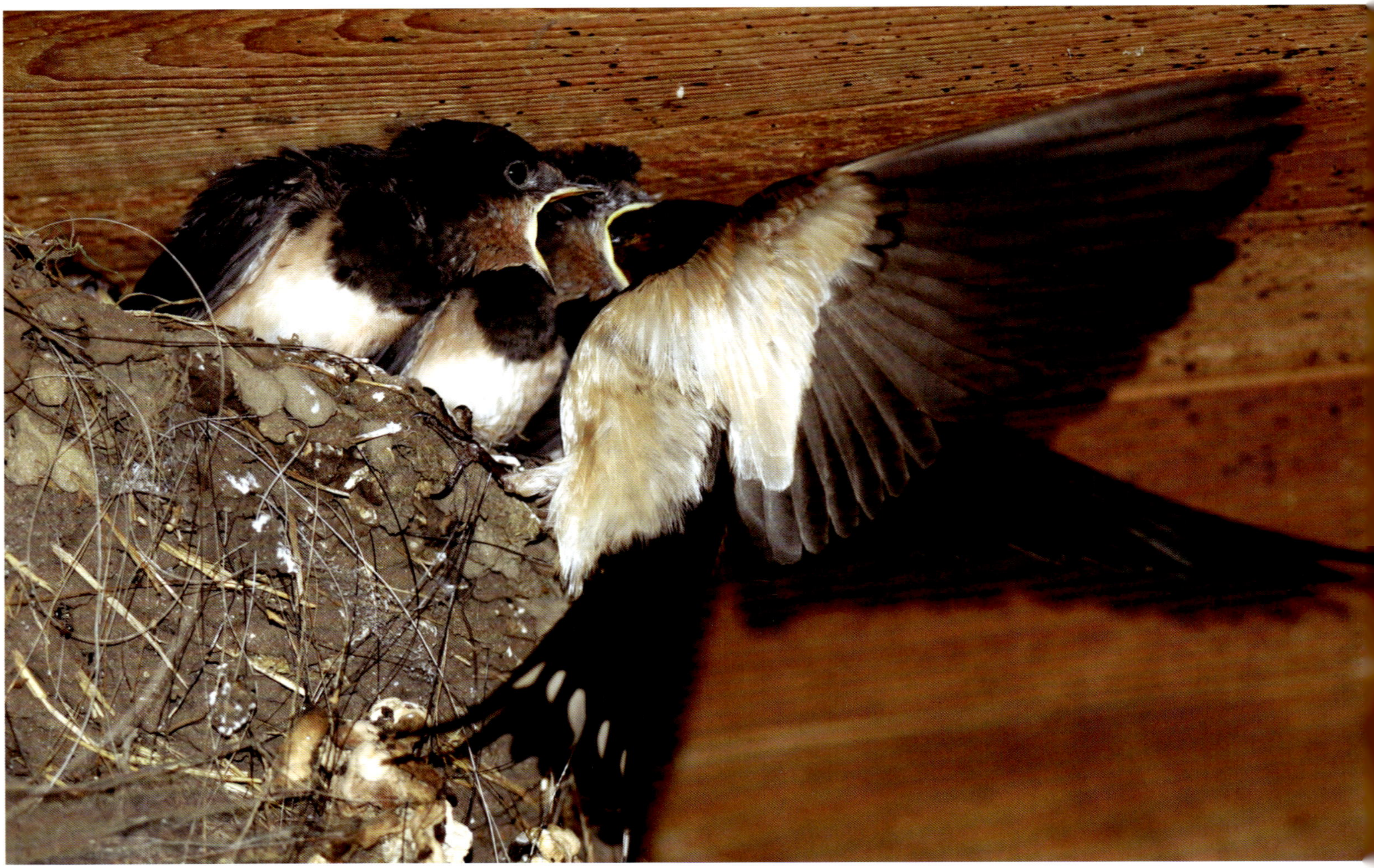

karch empfiehlt gröbere Eingriffe nur in der Zeit zwischen Anfang April bis Ende Mai oder im Oktober vorzunehmen, um zu vermeiden, dass die Schlangen wie die Ringelnatter in ihrer Eientwicklung oder Winterruhe gestört werden.

WUNDERBAUM HOLUNDERBAUM

Jemand, dem man in der Nähe von Höfen und Haufen kaum fördernd entgegenzukommen braucht, ist der Holunderbaum, Holler oder besser: Schwarzer Holunder. Er gehört seit geraumer Zeit zu den häufigsten Sträuchern in Mitteleuropa – früher entlang der Flussauen und in der von der Megafauna (ehemalige Großtiere) geprägten, geöffneten Landschaft stehend und seit der Sesshaftigkeit des Menschen und der damit verbundenen Anreicherung von Nährstoffen respektive Stickstoffverbindungen rund um die Siedlungen.

Es kommt im Leben oft vor, dass man etwas gut zu kennen glaubt und gleich darauf von unerwarteter Seite überrascht wird. Auf dem Grundstück meiner Großeltern und Eltern stand ein großer Holunderbaum mitten im Auslauf der Rhodeländer Hühner. Im Frühjahr wurden die Doldenblüten in den Teig getunkt und verliehen den ausgebackenen Pfannkuchen ihr köstliches Aroma. Im Herbst wurden die Tintenbeeren gepflückt und in verarbeiteter Form den Kindern als Hustensaft eingeflößt. Doch im Prinzip enthalten fast alle seine Teile harzartige Giftstoffe, besonders in Laub und Rinde und in den noch unreifen Früchten. Diese können beim Menschen abführend und, im Übermaße verzehrt, Brechreiz erregend wirken. Durch Erhitzen zerfällt das *cyanogene Glycosid Sambunigrin*, dessen Bezeichnung Aufschluss darüber gibt, dass dessen organische Verbindungen Zucker im Molekül enthalten. In den Blüten und reifen Früchten fehlen diese wenig verträglichen Stoffe ohnehin beziehungsweise sind in nur sehr geringem Maße vorhanden, so dass der Schwarze Holunder früher zu den Heilpflanzen gerechnet wurde.

Die eigentliche Überraschung liegt im scheinbaren Widerspruch der Farbtinkturen: Während die Blüten Anfang Juni weißlich, mit dem Stich ins Gelblich-Elfenbeinfarbene daherkommen und Säften, Gelees und Pfannkuchen eine helle Farbe und ein überraschend mildes, fast schüchtern wirkendes Aroma verleihen, treten die Früchte nur drei Monate später mutig und selbstbewusst auf. In dem in Norddeutschland als »Fliederbeersuppe« bezeichneten Produkt sind sie farbbestimmend und können damit den eingelassenen kurkumagelben Grießklößen schnell den Garaus machen, wenn die sich mit dem köstlichen Burgunderrot vollsaugen. Dabei handelt es sich bei den dunklen und namensgebenden Früchten gar nicht um Beeren, sondern um Steinfrüchte. Und seine Blütendolden sind in Wirklichkeit Schirmrispen, die nicht von Wildbienen besucht werden, sondern von Fliegen und Wespen. Folgerichtig bietet ihr Duft im unbehandelten Zustand für die menschliche Nase wenig Angenehmes.

In der nordischen Mythologie wird dem Holunder die Verbindung mit der Unterweltgöttin Frau Holle zugedacht, was allein schon beweist, dass das Interesse des Menschen am Holunder seit jeher sehr groß ist. Da heutzutage und hierzulande selten Mangel an den Nährstoffen herrscht, die der Holunder bevorzugt, nimmt sein Bestand weiterhin zu und damit das Interesse an seinen vielfältigen Produkten. Folgerichtig steigt uns am Vormittag bereits der Duft von Pfannkuchen, Fruchtsäften, -suppen und -sirups, Marmeladen und Gelees in die Nase, die Andrea Funcke auf ihrem Hof zubereitet – wie soll man sich da auf seine Kameraarbeit konzentrieren?

links oben | In der Nähe von Misthaufen schmiegen sich oft – wie hier in Frankreich – Stickstoffliebhaber wie der Schwarze Holunder eng an Hofgebäude an (hier links neben dem kleinen Haus im Bild).

links unten | Rauchschwalben bei der Fütterung. Im Nest werden u.a. Dung und Stroh verarbeitet. Vögel und Fledermäuse profitieren von Nährstoff- und Blütenpflanzenangebot und demzufolge Insektenreichtum auf den Höfen.

Holunderblüten-Gelee

Im Juni zur besten Gewitterzeit erblüht der Schwarze Holunder. Die bis zu 30 Zentimeter groß werdenden, aus vielen Einzelblüten bestehenden Schirmrispen sind am besten voll aufgeblüht mit einer Rosenschere zu ernten; dabei setzt man den Schnitt möglichst nahe unterhalb des Blütenschirmes an. Aus etwa 2 Kilogramm Blüten können wir eine Fruchtsaftmenge von knapp 5 Litern gewinnen. Die Blüten werden gründlich gereinigt; das bedeutet das Absammeln (und Wiederaussetzen) von Kleintieren sowie Abspülen mit kaltem Wasser. Am besten gelingt das unter einer Brause über einem doppelten Handwaschbecken in der Küche. In einem Becken können die Blüten gespült werden, während sie im anderen gesammelt zum Abtrocknen gebracht werden können, da es sich ja um eine große Menge sparriger Blüten handelt.

Die Blüten werden in einem hohen Topf aufgekocht und anschließend 30 Minuten bei schwacher Hitze und geschlossenem Deckel ziehengelassen, bis sich ein brauner Sud absondert. Der Sud wird abgeschöpft, der Saft noch einmal durch ein feines Sieb gegeben. Anschließend wird der Fruchtsaft in Flaschen abgefüllt, die zuvor mit heißem Wasser ausgespült wurden. Dann lässt man den Saft abkühlen, bevor er in der Weiterverarbeitung mit 500 Gramm Gelierzucker 1:2 auf einen ¾ Liter erneut für 3 Minuten unter ständigem Rühren erhitzt wird. Abschließend wird der heiße, mit Gelierzucker versetzte Saft in heiß ausgespülte Gläser verfüllt und mit Deckeln fest verschlossen. Während der Abkühlungsphase wird daraus Gelee. Bei gelungenem Vorgang täuscht die flexible Konsistenz beim Kontrollieren durch Kippen über die tatsächliche Festigkeit hinweg. Tatsächlich lässt sich fertiges Gelee mit einem schlanken Teelöffel aus dem Glas holen und formschön auf Teller, Nachspeise oder Brot drapieren. Drei kleine Tipps zum Gelingen und Genießen: Man sollte möglichst kleine Gläser, also mit etwa 150 Millilitern Fassungsvermögen, wählen, um den rechtzeitigen Verzehr

oben | Der »Holunder-Zyklus«: Der Schwarze Holunder blüht im Mai/Juni in weißlichen Schirmrispen. Diese und/oder die daraus drei Monate später entstehenden Steinfrüchte kann man ernten und verschiedene Produkte daraus fertigen. Die enthaltenen Giftstoffe werden durch Erhitzen zerstört.

nach der Öffnung zu gewährleisten. Als Geschenk dürfen die Gläser auch gern noch kleiner ausfallen. Nach Verfüllen kann man die Gläser für einen Moment auf einem Geschirrhandtuch auf dem Kopf stehen lassen, damit sich die Hitze besser verteilt. Die Gläser sollten nach Abkühlung dunkel gelagert werden, um Vitamine und helle Farbe möglichst lange zu erhalten. Damit wünschen wir einen guten Appetit auf Farben und Geschmack!

Zur Holunderzeit gehört für uns unbedingt das schrille Rufen der Mauersegler über den Köpfen und das Säuseln der Turteltauben, wo es sie noch gibt. Segler und Tauben verweilen etwa für die Zeit von der Blüte bis zur Fruchtreife in Deutschland, ganz grob betrachtet. Die tellerförmigen Blüten tauchen aus dem anonymen Einheitsgrün der Hecken, Waldränder und Straßenbegleitung auf und heben die Art für wenige Wochen von den anderen Gehölzen ab. Für diese Zeit heißt es für den Genießer, sich zu eilen, um das Aroma der Blüten einzufangen und zu nutzen. Umso weiter die Blüte, desto mehr Insekten finden sich auf ihr ein, was bei der Verarbeitung zu berücksichtigen ist! Danach verschwindet der Schwarze Holunder allmählich wieder in seiner Auffälligkeit aus dem Landschaftsgemälde, um etwa drei Monate später erneut anzugeben, doch dieses Mal mit seinen Früchten. Der Schwarze Holunder ist ein typischer Kulturbegleiter des Menschen.

«UNSER DORF SOLL HÄSSLICHER WERDEN«
nach Dieter Wieland

In seinem Filmbeitrag »Unser Dorf soll häßlich werden« beginnt der deutsche Autor und Dokumentarfilmer Dieter Wieland mit den Worten: »Wir wollen unser Dorf ruinieren. Es soll ein kleines Verwandlungsspiel werden: ›Vierzehn Möglichkeiten, das Gesicht zu verlieren‹. Am Ende werden wir unser Dorf nicht wiedererkennen. So etwa könnte unser Dorf aussehen: Ein altes Dorf, alte Bäume, Kirchturm, von den Häusern sieht man nur die langen Dächer. Schöne Bilder, Ruhe, Frieden, Schutz, Geborgenheit, Idylle, heile Welt – die Welt der Ansichtskarten und der Reiseprospekte, die Welt der schönen Bildbände. Ich glaube sicher, dass wir alle da der gleichen Meinung sind. Denn tagtäglich drischt die Werbung mit solchen zuckersüßen Farbfotografien auf uns ein, wenn sie uns Wäschefrische, Zigarettenfreiheit und Erlösung von schlechtem Mundgeruch verspricht. Und die Werber kennen unser Innenleben nur zu genau. Und solche Dörfer malen Kinder.« – In seinem Filmbeitrag zum Europäischen Denkmalschutzjahr 1975 berichtet der scharfe Kritiker der Flurbereinigung in der Reihe *Topographie* auch von den übergreifenden Sünden auf die Architektur und Wegeführung und bedauert den allgemeinen kulturellen Verfall in den Dörfern und ländlichen Gemeinden.

Das moderne Bild in den kleinen Ortschaften wird bestimmt durch Herrn und Frau Saubermann, die ihren Vorgarten pflegen wie ihr Wohnzimmer. Mit Nagelschere, hartem Besenstrich und Giftspritze bis in den hintersten Winkel rücken sie den sogenannten »Unkräutern« zuleibe, entfernen alte knorrige Obstbäume und ersetzen Hecken aus einheimischen Laubhölzern durch immergrüne »Nadelholzsoldaten« aus dem neu erstandenen Baumarkt von nebenan. Bis am Ende nichts mehr übrig ist von dem ursprünglichen Dorfbild. Es ist der perfekte Austausch von waschechter Folklore und Volksmusik, wie sie der Boden hervorgebracht hat oder die Menschen, die in ihm wurzelten, gegen »volkstümliche Musik« im »Musikantenstadl«.

Die Leidtragenden sind jene Arten, die sich bestmöglich an die vom Menschen gehaltenen Haustiere und ihre Produkte angepasst hatten – und da kam einmal eine ganze Reihe zusammen. Um sie zu finden, sind wir durch ganz Deutschland gereist, mit dem ernüchternden Ergebnis, dass sie nirgendwo mehr vollständig vorkommen und selten noch in Teilen. Um halbwegs auf unserer Suche erfolgreich zu sein, korrespondieren wir während unserer Expedition mit dem Hamburger Botanik-Professor Hans-Helmut Poppendieck.

Diese Arten einer ganz eigenen Pflanzengesellschaft werden heute »dringend gesucht!« Spannende Arten sind unter ihnen wie der Gute Heinrich, ein Fuchsschwanzgewächs, das auch als

rechts | Wimperfledermaus-Wochenstube im Kuhstall eines Weinbauers in Baden-Württemberg

Wilder Spinat bekannt wurde. Denn er fand rasch Zugang in die menschliche Küche der früheren Jahrhunderte. Dabei rührt der Namensteil *rich* vermutlich von »weit« oder »reich verbreitet« und »kulinarisch nutzbar« her; der erste Teil *Hein* steht dagegen für »Heim«, »Haus« und »siedlungsnah«.

Es ist wirklich schwer, Vertreter der Dorfrandflora vor die Kamera zu bekommen. »Es handelt sich um eine vor unseren Augen aussterbende Pflanzengesellschaft, die bestenfalls fragmentarisch vorhanden ist«, sagt Poppendieck und schickt uns über Bauerngärten und kleinere Botanische Gärten bis hin zu Klostergärten.

Einer zweiten Art dieser stickstoffliebenden Gesellschaft in menschlicher Umgebung sagt man heilmedizinische Kräfte das Herz betreffend nach. Es handelt sich um das Echte Herzgespann aus der Familie der Lippenblütler. Es ist weniger selten als andere Vertreter dieser Assoziation. Besonders zahlreich begegnet es uns entlang der Straße am Elbhang bei Neumühlen in Hamburg, westlich der Treppe mit den zwei Aufgängen.

Einige Arten sind eher unauffällig und verschwinden entsprechend »leise«, andere fallen dagegen durch Laubschmuck und Blüte auf. Die Malven dieser Gesellschaft wie Wilde Malve (auch

Große Käsepappel genannt), Rosen- und Weg-Malve (Kleine Käsepappel) gehören sowohl in ihrer Blattform als auch in der Blütenfarbe zu den auffälligen Vertretern. Der Name Käsepappel leitet sich von der Ähnlichkeit der schleimhaltigen Malvenfrüchte mit Käselaibern her, aus denen früher Papp (Kinderbrei) zubereitet wurde. Überhaupt wurden die verschiedenen Malvenarten gern zu Nahrungs- und Heilzwecken genutzt. So ist die gute Wirkung der Produkte der Wilden Malve gegen Hustenreiz und bei Entzündungen des gesamten Mund- und Rachenraums bekannt.

Wenn bedauert wird, welches heilmedizinische Inventar mit dem Verlust der Tropischen Regenwälder einhergeht, sollte man einmal daran denken, dass wir gerade blindlings dabei sind, solches direkt vor unserer eigenen Haustüre (im wahrsten Wortsinne) zu erdulden!

Um einige Arten wie den Meerrettich brauchen wir uns vermutlich keine Sorgen zu machen; wir finden ihn in den meisten Großstädten mitten im Straßenbegleitgrün, wo er Dreck, Streusalzen und Abgasen trotzt. Meerrettich und Wilde Malve gehören in diese besondere Gruppe von Pflanzen, sind aber häufiger als Herzgespann und Guter Heinrich und besitzen daher einen geringeren Zeigerwert (auch weil sie über Ansaaten aus Gärten flüchten können).

oben | Am Überlauf des Schweinekobens findet sich eine gute Ausprägung der ehemaligen Dorfrandgesellschaft wieder, hier besonders mit Gemeiner Ochsenzunge, Schwarzer Königskerze und Malvenarten.

Es gelingt uns, Malven und Schwarznesseln in Hinterhöfen Sachsens, Nickende Disteln an Wegrändern Bayerns und Echte Katzenminzen entlang von Bahndämmen Nordrhein-Westfalens aufzuspüren. Doch nie stoßen wir auf die Gesamtheit, in der viele Arten von ihnen früher einmal zusammenstanden. Darum kehren wir auf Poppendiecks Geheiß hin zurück nach Norddeutschland. Über Headphone verbunden lenkt er uns an einen winzigen Ort in Schleswig-Holstein: »Jetzt finden Sie einen Sandweg, der nach Westen weist …«. Und wir glauben unseren Augen kaum trauen zu dürfen. Gegenüber des wegbegleitenden Knicks (Feldhecken, die den regelmäßigen Schnitt, das »Herabsetzen« oder »Knicken« vertragen können) stehen alle die wie selbstverständlich versammelt, die wir mühselig auf ganz Deutschland verteilt und einzeln stehend angetroffen haben: Hummeln besuchen hier unter anderem Wilde Malve, Nickende Distel, Schwarze Königskerze und die glockigen Blüten des Kohl-Lauches im lockeren Scheindoldenstand. Viele andere, jetzt im Hochsommer nicht mehr ganz so auffällige Wildpflanzen kommen hinzu. Umso auffälliger sind die dichten Bestände der Gemeinen Ochsenzunge, besonders am Überlauf des Schweinekobens. Die intensiv blau leuchtenden Blüten, deren Mitte weiße, samtige Schlundschuppen zieren, verleiteten die Menschen dazu, ihnen den Kosenamen »Liebäugel« zu verleihen, früher, als sie noch eine tiefere Verbundenheit mit ihrem Umland empfanden.

Offensichtlich besitzen Pflanzen ebenfalls ein

rechts | An früheren Dorfrändern, Misthaufen und sonstigen nährstoffreichen Standorten innerhalb einer sonst eher nährstoffarmen Welt gediehen Pflanzenarten wie die Wilde Malve (nächste Seite) und die Gemeine Ochsenzunge (rechts).

Gespür für Hofheimat. Daran sollten die Besitzer denken, wenn sie ihren neu erworbenen Resthof beziehen. Nun gilt es, alte und neue Interessengemeinschaften miteinander bekannt zu machen und, wenn es geht, zu verknüpfen. Resthofleuten soll es ein Herzenswunsch werden, ihr Domizil mit Herzgespann, Gutem Heinrich und Schwarznessel zu teilen – um die Sünden der jüngsten Vergangenheit auszubügeln. Früher war nicht alles besser – bezogen auf die Vollständigkeit der Dorfrandgesellschaft aber schon! Wenn jemand irgendwo da draußen eine weitere, von der Aktion »Unser Dorf soll schöner werden« verschont gebliebene Ecke Deutschlands kennt, so mag er uns dieses wissen lassen – wir sind sehr daran interessiert!

OPA BALTRUWEIT ERZÄHLT … WIE'S FRÜHER EINMAL WAR

Walter Baltruweit beschäftigt sich seit über sechs Jahrzehnten mit Schmetterlingen, Amphibien und Pflanzen. Durch seine Feldforschung und Naturverbundenheit weiß er, wie viele Arten in der Vergangenheit verloren gegangen sind und

rechts | Opa Baltruweit

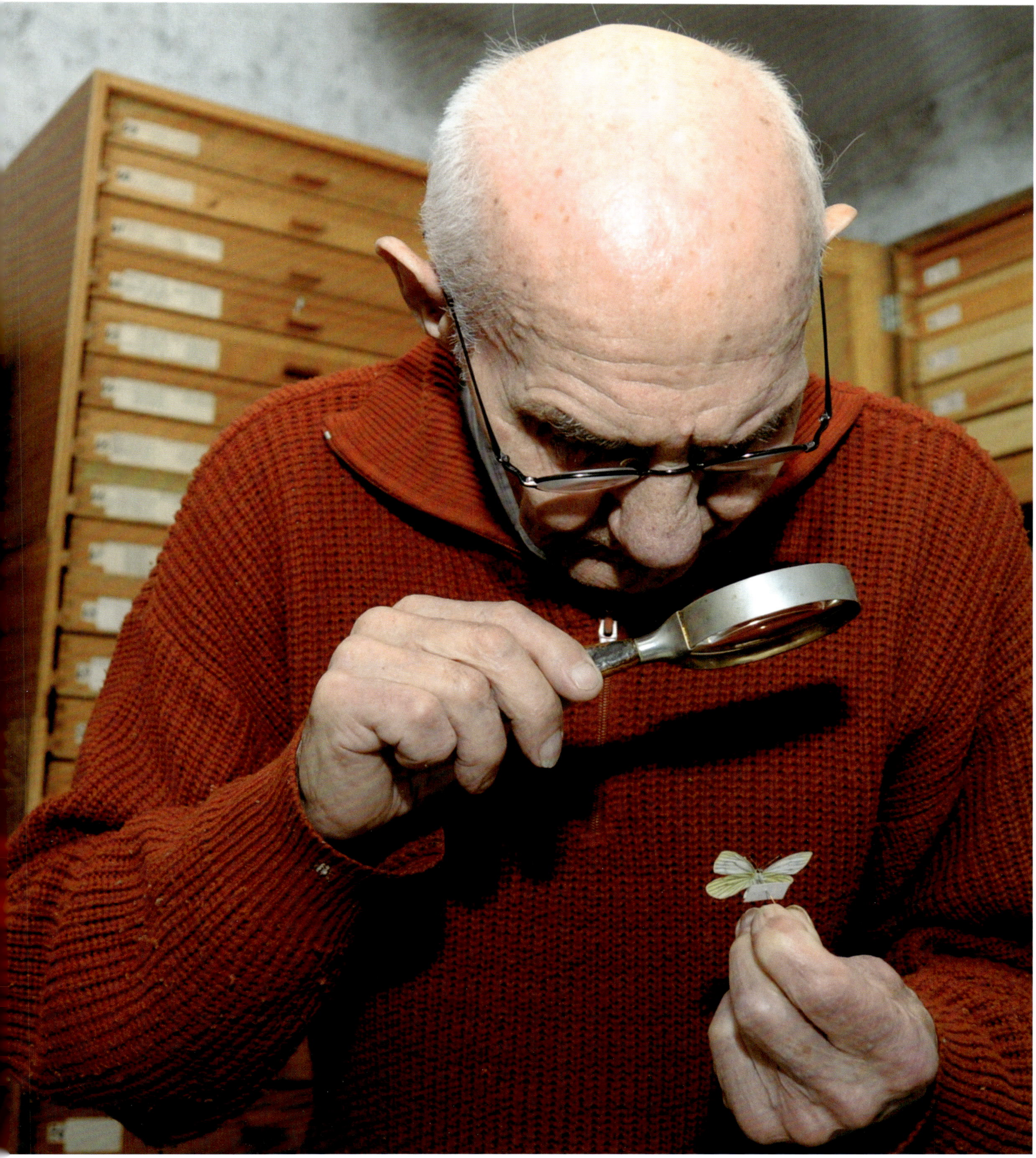

links | Der Nachtfalter Brauner Bär – Innehalten für Sekunden

rechts | Kornfeld und Großes Heupferd

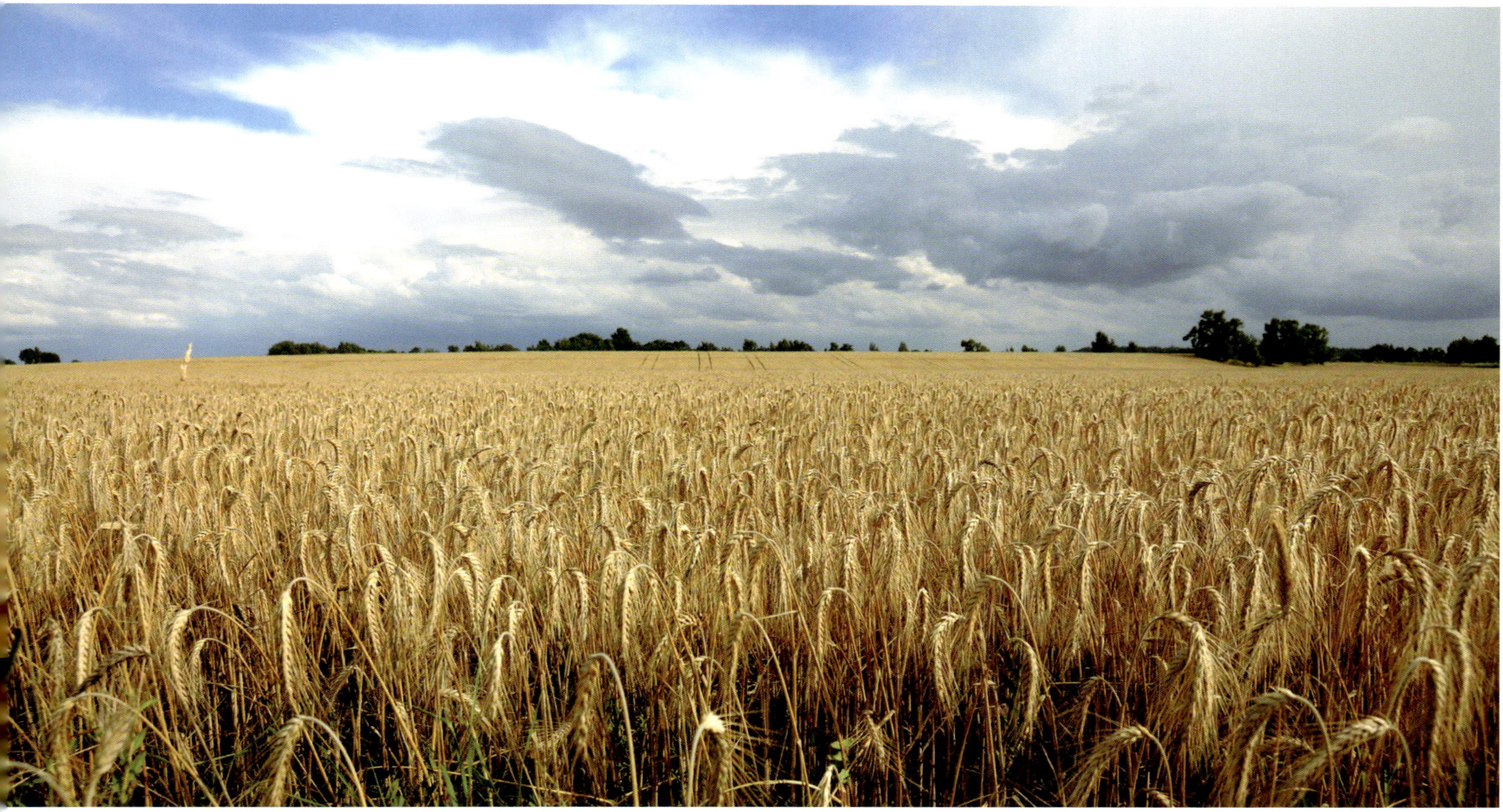

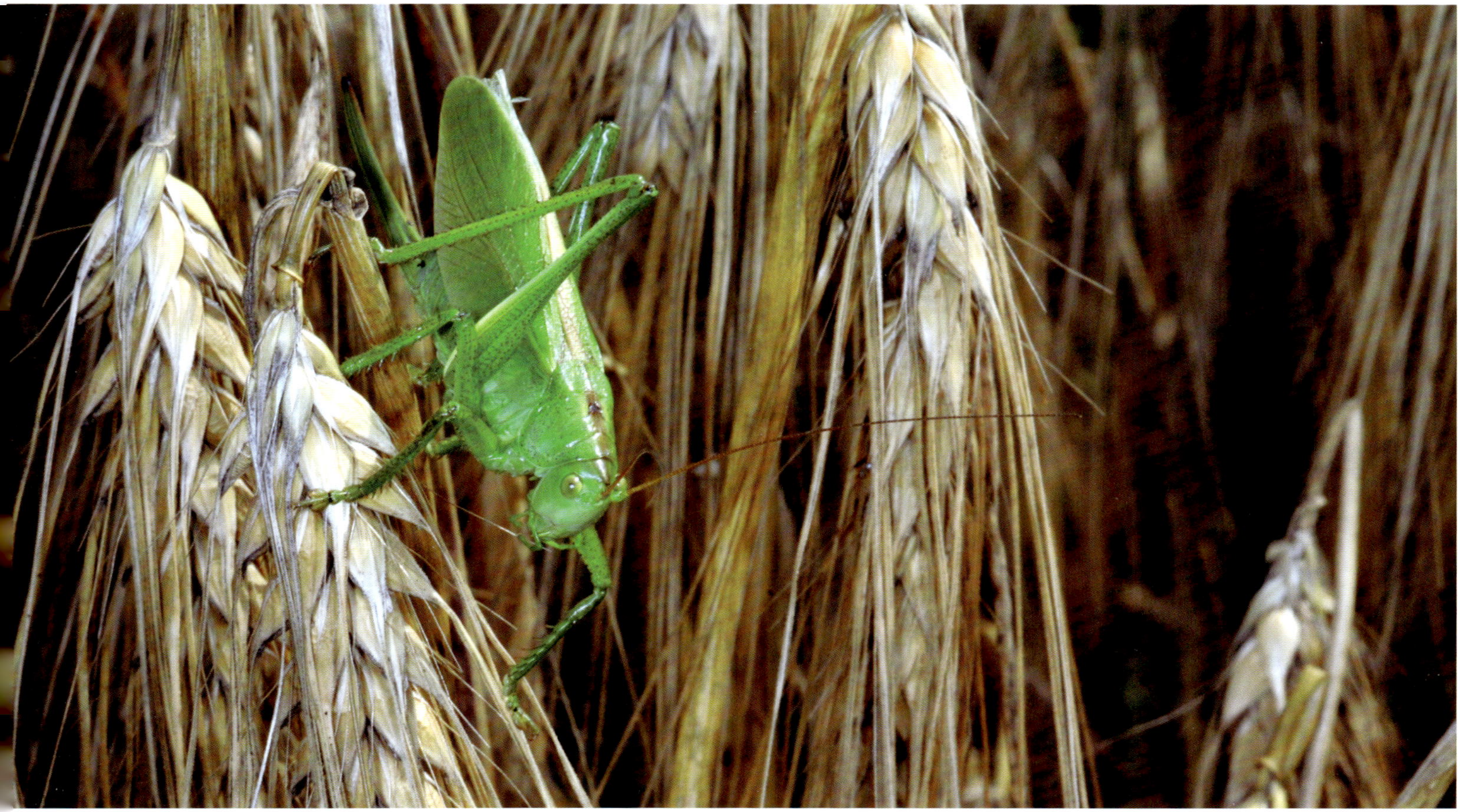

wie die Landschaft einmal ausgesehen hat, in der die Arten zu Hause waren.

Wir besuchen ihn auf seinem Sitz in Schleswig-Holstein. Außen im Garten sprudeln Wasserbecken übereinander, greifen Überläufe ineinander und stehen viele verschiedene Pflanzenarten nebeneinander. Innen im Haus beherbergen Schrankwände eine gewaltige Sammlung von Tag- und Nachtfaltern – eigentlich aus aller Welt, hauptsächlich aber aus dem deutschen Raum und den angrenzenden Räumen stammend. Penibel sind darin die kostbaren Falter in Reih und Glied nebeneinander aufgereiht und aufgebahrt – kostbar im Sinne von Dokumentationswert, hintergründigem Idealismus, auf keinen Fall aber die »materiellen Werte« meinend. Denn auf den Sammlerbörsen, die es leider immer noch gibt, würden gerade und Gott sei Dank die sogenannten einheimischen Schmetterlinge keinen Preis erzielen. Unter ihnen befinden sich auch viele Wanderfalter, die nur einen Teil des Lebens in Deutschland verbringen.

Ganz anders kommen die Vertreter der Tropen daher. Von ihnen werden viele auf dem Weltmarkt teuer gehandelt. Begrüßen kann man, dass einheimische Völker einen Verdienst über die nachhaltige Nutzung dieser Tiere erhalten und dafür der Wald im Ganzen geschützt wird – mag man darüber denken, wie man will, und bedauern, dass alles einen Nutzen haben muss, was erhalten werden soll. Über die tropischen Falter ist Opa Baltruweit, wie ihn alle liebevoll nennen, zu seiner Leidenschaft gelangt, diese Tiergruppe zu kartieren und im internationalen Austausch seine Daten Behörden und Universitäten zur Verfügung zu stellen. Er fuhr lange Jahre zur See und ist der einzige uns bekannte Mensch, der nicht genau weiß, wie oft in seinem Leben er den Panamakanal passiert hat! Während dieser Reisen sah er die damals gewaltige Zahl von Großschmetterlingen in den schillerndsten Farben, von denen einige auch immer wieder zur Zwischenlandung auf Baltruweits Frachtschiff ansetzten.

Als er später in den 1960er-Jahren lange Zeit in der Autobahnmeisterei tätig war, konnte er noch die Vielfalt der Schmetterlinge erleben, besonders an den warmen, offenen Standorten entlang der Autobahnen. Ab da begann auch schon das große Artensterben. Offene Standorte und die typischen Pflanzen verschwanden zusehends. Überschattung und zusätzliche, allmähliche Überdüngung veränderten das Kleinklima, auf das besonders viele Insekten in bestimmten Entwicklungsstadien angewiesen sind. Nur scheinbar kleine Ursachen erzeugen eine große Wirkung. Walter Baltruweits einfache Devise lautet nach lebenslanger Erfahrung: »Umso mehr Blütenpflanzen, desto mehr Insekten!«

Wir werden nachdenklich, denn es erscheint uns widersprüchlich: Aber während einige Arten gerade sterben, weil kontinuierlich Nährstoffe in ihren Lebensraum eingetragen werden, können andere nur überleben, weil sie die Gabe bestimmter Nährstoffe im Übermaß erhalten in sonst magerer Umgebung. Diesen Arten kann nicht geholfen werden, indem Extremstandorte wie Moore und Bergwälder unter Schutz gestellt werden – und selbst in Museumsdörfern fehlen sie. Sie brauchen explizit den täglichen Umsatz an Stoffwechselprodukten von Hühnern, Gänsen, Schweinen oder wenigstens Kaninchen – und damit die menschliche Nähe. Denn: Kleinvieh mag auch Mist!

»Vielleicht ängstigt mich ihr Fortgeh'n,
denn vielleicht schließ' ich daraus,
vielleicht geh'n uns nur die Maikäfer
ein kleines Stück voraus.«
Reinhard Mey

rechts | »Vogelscheuche«

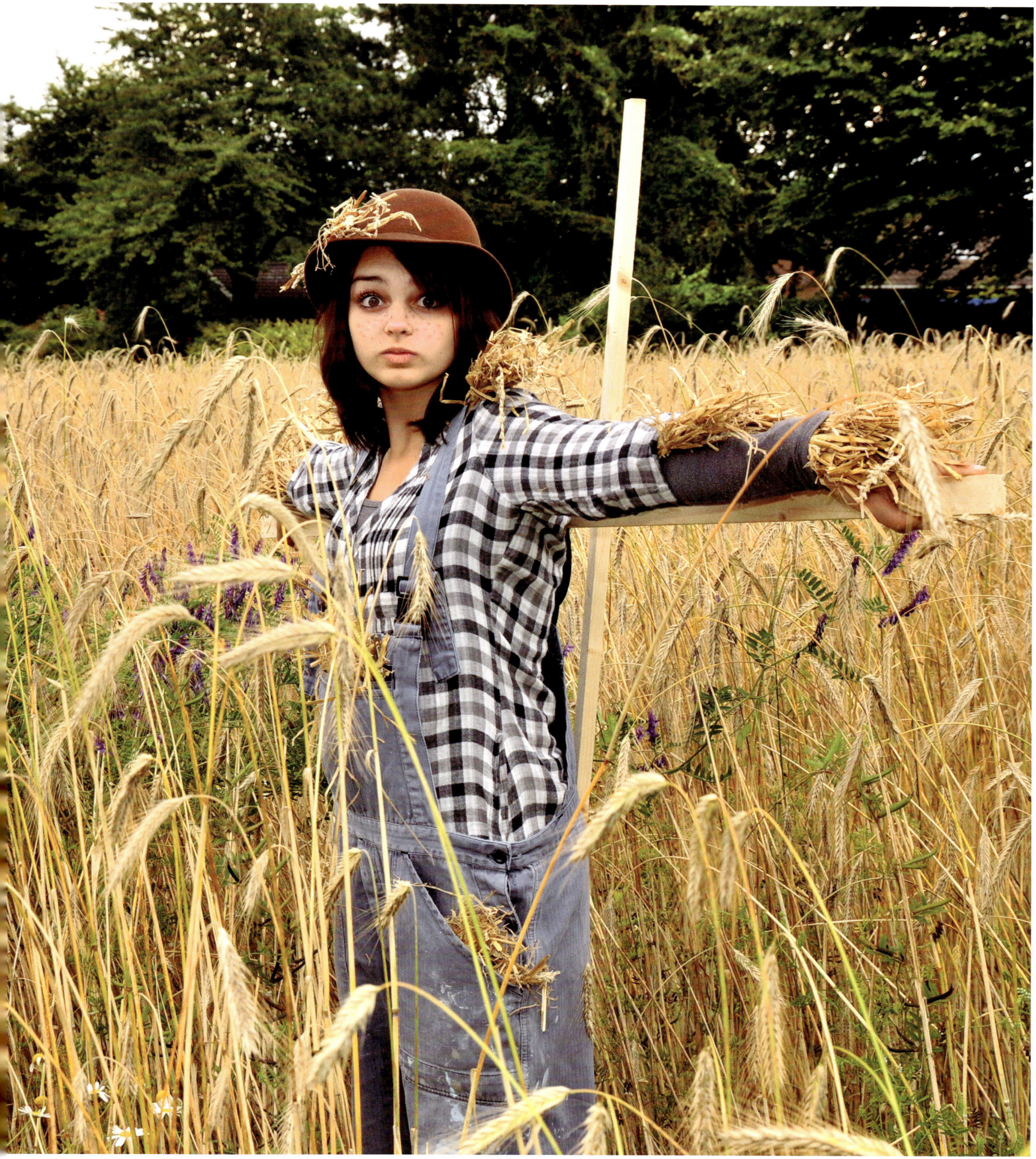

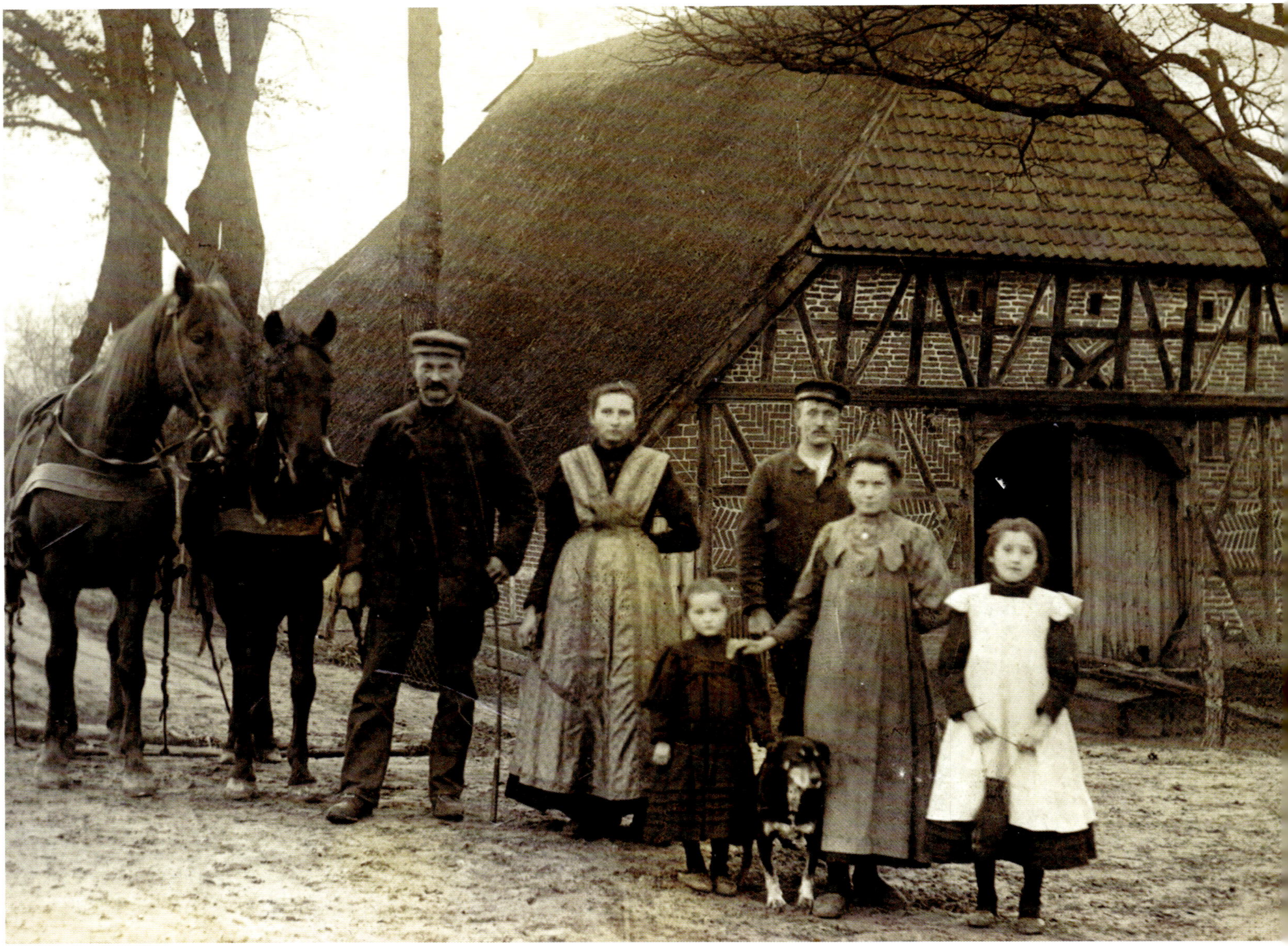

Winter auf dem Resthof

Wir sind angekommen! Im doppelten Sinne: Am Ende des Buches und tief im Süden des Landes. Wir treffen am Rande des Nationalparks Bayerischer Wald auf den Naturburschen und Ranger Volker Hartwig und seine Familie. Sie erwarben vor gut dreißig Jahren ein relativ neues Haus und funktionierten es im Laufe der Zeit zu einem Hof mit altem Flair um. Doch Volker weiß noch mehr ungewöhnliche Geschichten aus dem Bayerischen Wald zu erzählen.

oben | Rotkehlchen

VOLKER UND DER WASSERHIRSCH

»So ist der Winter. Aber was bringt er für Freude!«
Vivaldi

Zeit zerrinnt wie Sand zwischen den Fingern, wo man sich Fels wünscht, an den man sich klammern kann. Das Jahr schreitet rasch voran. In Grainet, einem kleinen Dorf im Bayerischen Wald, hat es bereits geschneit und wir unternehmen mit Volker Hartwig eine Mammuttour durch den Nationalpark.

Volker und ich kennen uns seit 1988. Damals, als Student, absolvierte ich eine Ausbildung zum Nationalparkguide. Volker war einer der Betreuer, mit dem ich mich gleich gut verstanden habe. Und so dauert die Freundschaft bis heute an.

Der Schnee liegt meterhoch und knirscht unter den Stiefeln. Der Bayerische Wald ist der Nationalpark mit Schneegarantie. Am 7. Oktober 1970 wurde er als erster deutscher Nationalpark gegründet. Die Philosophie der Nationalparkbegründer lautet bis heute: »Natur Natur sein lassen!« Selbst unter der hohen Schneedecke können wir erkennen, dass einst mächtige Urwaldriesen – Fichten, Buchen und Tannen – umgestürzt sind und liegen bleiben dürfen. Während wir mit jedem wiegenden Schritt prüfen, ob uns die Schneedecke hält, denken wir darüber nach, wie seltsam es doch aussehen müsste, wenn wir uns in gleicher Weise, jedoch ohne Schnee, bewegten …

Die Kristalle funkeln im Sonnenlicht. Um die Stämme der stehenden Bäume haben sich tiefe Krater ohne Schnee gebildet – woran das wohl liegen mag? Und während uns die ortstreuen Tannen- und Weidenmeisen begleiten, erzählt Volker uns von der Hausfindung. 1981 entdeckte seine Frau in der Passauer Neuen Presse ein »Haus in zentraler Lage, zwischen Freyung und Waldkirchen« gelegen, das zum Verkauf stand. Zu dieser Zeit war Volker noch als Fernfahrer unterwegs und verdiente relativ gut. So haben er und seine Familie riskiert, sich auf die hohe finanzielle Belastung einzulassen. Kurz darauf jedoch verlor er seine Arbeit und der Familie drohte, ihr Haus beinahe so schnell wieder verkaufen zu müssen, wie sie es erworben hatte. Eine harte Zeit brach an. Doch dank geschickter Wirtschaft von Frau Tilla konnte das Haus gehalten werden. Und Volker fand schließlich eine Anstellung im Nationalpark als Ranger.

Tilla und Volker haben sich früh kennengelernt. »Ich habe Tilla das erste Mal in dem Lebensmittelgeschäft gesehen, in dem ich eine Lehre als Einzelhandelskaufmann begonnen hatte«, erinnert sich Volker gern. Da war er gerade einmal 17 Jahre alt. Er erinnert sich bis heute genau an jede Einzelheit des Mädchens, das da in seinem roten Lackmantel zur Tür hereintrat, die dunklen Haare schulterlang trug und ein kleines Muttermal auf der rechten Oberlippenpartie besaß. Doch sollte es einige Jahre dauern, bis Volker seine Tilla wiedersah. Dann aber nutzte er seine Chance, sie heirateten und gründeten eine Familie, zu der die zwei Töchter Sarah und Rebecca gehören sowie viele Tiere, die fast alle auf besondere Weise in die Familie kamen – die Tiere, nicht die Töchter.

Mit zur Familie gehören zwei Katzen: »Susi«, rot-weiß gescheckt, und »Rambo«, der grau-weiß getigerte Kater. Susi fängt heute noch fast jedes Nagetier, Feldmäuse bevorzugt, obwohl ihr aufgrund des fortgeschrittenen Alters die meisten Zähne ausgefallen sind. Der erst fünfjährige Rambo fürchtet alle anderen Katzen des Dorfes. Sein Selbstbewusstsein aber steigt rapide an, wenn Volker ihn aus dem geöffneten Fenster heraus bei der Vertreibungsaktion einer anderen Katze phonetisch unterstützt. Wenn er, der Kater, nachts einen Kleinnager fängt, veranstaltet er ein Mordsspektakel unter dem Schlafzimmerfenster, bis alle wach sind, um dann die Beute direkt vor der Terrassentür abzulegen, um wirklich alle an seinem Jagdglück teilhaben zu lassen.

Wipfeldürre Bäume mit großen Spechthöhlen wechseln mit Fichten einander ab, die bis nahe zum Grund verzweigt und benadelt sind und jetzt eine schwere Schneelast zu tragen haben. Bäume, die wie auf Stelzen stehen, nachdem sie vor Jahrzehnten auf einem modrigen, quer liegenden Baum gekeimt sind, der inzwischen weggerottet ist, tauschen den Anblick mit kerzengerade stehenden, wuchtig aus dem Erdreich geschossenen Stämmen. Alle haben bedingungslos Borkenkäfer und Stürme auszuhalten, und in den vergangenen Jahrzehnten die horrenden Schadstoffniederschläge.

»Der Oststurm im Frühjahr vor zwei Jahren hat das Dach unseres Hühnerhauses weggerissen«, erinnert sich Volker, »einfach weggerissen.« So fallen immer wieder Reparaturarbeiten an. Acht Hühner und ein Hahn lebten dort – der Hahn wurde »Odysseus«, seine favorisierte Henne »Penelope« genannt. Dieser Hahn verteidigt seinen Harem und das Revier bis aufs Äußerste. Einmal verfolgte er eine Nachbarin mit ihrem Hund mehrere hundert Meter weit durch Grainet mit Versuchen, ihr in die Beine zu hacken. Das Aus für alle Hühner kam mit den regelmäßigen Besuchen des Steinmarders.

Das Haus bedeutet den Hartwigs sehr viel, und sie nennen es ihre »Höhle«, in die sie sich zurückziehen können. Der Garten dazu ist zweigeteilt. Den vorderen Teil managt Tilla und hält den Rasen

»römisch kurz«, der hintere Teil fällt in Volkers Zuständigkeitsbereich. Dort besteht eine »gepflegte Wildnis« und dürfen Gräser und Stauden wachsen, wie sie mögen. »Während Tilla die Rolle der Innenarchitektin übernimmt und die treibende Kraft stellt, damit das Haus immer schöner wird«, schmunzelt Volker, »würde mir schon ein Dach über dem Kopf, ein Platz zum Schlafen, ein Bad mit Dusche und eine Küche mit wärmendem Holzofen reichen.«

Wir hören auf unserer Wanderung zu dritt einen glucksenden Bach vor uns auftauchen. Das schnellfließende Gewässer hält das Eis fern und die Sicht auf seine dunkelglänzenden, steinigen Ufer frei. Ein ungewöhnlicher Vogel tippelt dort übers Gestein, bevor er einen Blick auf uns wirft und im Schwirrflug davoneilt. Aber nur um in einigen Metern Entfernung von uns bereits wieder zu landen und mit dem Schwanz auf und ab zu wippen. Es gibt Gelegenheit, ihn näher zu betrachten: Die Wasseramsel gehört zwar zu den Singvögeln, ist aber nicht näher mit den Drosseln verwandt, sondern bildet eine eigene Familie. Auffälligstes Merkmal ist ihre leuchtend weiße Brust, die im Kontrast steht zu braunem Kopf- und Nackenbereich sowie schiefergrauer restlicher Befiederung. Sie jagt am Ufer, vor allem aber unter Wasser am Boden des Bachbettes nach Kleintieren wie Mückenlarven, Bachflohkrebsen und Köcherfliegenlarven, die jetzt, einmal erbeutet, auf der Eiskante durch schlagende Bewegungen aus der Schutzhülle befreit werden. Wie in allen Naturdokumentationen heute so gern betont wird, ist sie der einzige Singvogel, der unter Wasser bei der Jagd Schwimm- beziehungsweise Flugbewegungen ausführt.

In den 27 Jahren als Ranger hat Volker so manche kuriose Geschichte erlebt. »Hier in der Nähe war es«, erinnert sich Volker nachdenklich. Vor gut zehn Jahren war er an einem wunderschönen Spätwintertag unterwegs. Die Sonne stand hoch, und es lag noch viel Schnee, darum trug Volker Schneeschuhe. In diesem Gebiet hatte er zuvor immer wieder Abwurfstangen von Rothirschen gefunden, die von Mäusen als Winternahrung angenagt wurden. Auf dem Rückweg kam er an dieses vor uns liegende

links | Verschneiter Pfosten

Bachbett. Um auf die andere Seite zu gelangen, musste er zwei umgefallene Baumstämme überqueren. Drei Meter unter ihm verlief der Bach und Volker begann seine Klettertour über Stämme und Schnee im Vertrauen darauf, dass beides ihn halten würde. Der Schnee jedoch gab nach und Volker fand sich auf alle Viere gestützt über dem Bachbett wieder. Gleichzeitig verspürte er einen stechenden Schmerz im linken Unterleib. Irgendetwas hatte ihn erwischt und ihm einen handtellergroßen Bluterguss versetzt. Unter Schmerzen schleppte er sich Richtung Straße, an der er seinen Wagen parkte. Doch noch etwa 500 Meter von der Straße entfernt stieß er auf eine frische Spur, die ihn allen Schmerz vergessen ließ. Da war ein großer Hirschbulle entlang gezogen, vor nicht allzu langer Zeit und in kurzer Schrittfolge. Volker konnte der einmaligen Versuchung nicht widerstehen und nahm intuitiv die Verfolgung auf. Gleich hinter der nächsten Fichte fand er eine wunderschön gefärbte Abwurfstange des Hirsches, mit sechs Enden und von oben bis unten geperlt. Vorsichtig ging Volker weiter. Keine fünf Minuten später stand er dem Hirschbullen gegenüber, nur zehn Meter von ihm getrennt. Er konnte ihn genau betrachten und die eingefallenen Flanken und die hervorspringenden Rippen feststellen. Dem Hirsch schien es offenkundig nicht gut zu gehen. Der Hirsch wendete seinen Kopf zu ihm, knirschte mit den Zähnen und harnte dabei. Volker sprach beruhigend auf ihn ein: »Habe keine Angst«. So standen sie sich fünf Minuten gegenüber, Auge in Auge blickend. Dann setzte der Hirsch seinen Weg langsam durch den tiefen Schnee fort, immer wieder verhaltend und zurückblickend. Der Wald ist an dieser Stelle relativ offen und so konnte Volker den Hirsch weitere 200 Meter mit Hilfe seines Fernglases verfolgen. Immer wieder musste der Hirsch umgefallene Bäume übersteigen oder überspringen und verschwand dabei allmählich im Wald. Einen letzten Stamm sah ihn Volker überwinden, dann war er verschwunden. In Erwartung, die ihm verbliebene Geweihstange müsste wieder auftauchen, ließ Volker die Stelle nicht aus den Augen durch sein Fernglas. Doch als sich nach Minuten immer noch nichts tat, nahm Volker erneut die Verfolgung auf. So schnell ihn seine Schneeschuhe trugen, rannte er zu der Stelle hinüber, an der er den Hirsch zuletzt gesehen hatte. Dort angekommen, glaubte er seinen Augen kaum trauen zu dürfen: Der Hirsch lag Körper über Kopf im Bachgrund – im Versuch verunglückt, zwei einen weiteren Bach säumende

rechts | Eiszapfen an der Gaube

Stämme zu überspringen. Der Hirsch schnaufte deutlich hörbar bereits Wasser durch die Nasenlöcher ein und hatte dabei die Augen verdreht. Volker entledigte sich seiner Schneeschuhe und des Rucksacks und sprang zu ihm ins Wasser. Er packte ihn in einer Art Schwitzkasten und zog mehrmals kräftig an, bis der Kopf unter dem Körper endlich heraus war. Er fasste ihn links und rechts am Unterkiefer und zog ihn unter den Stämmen hervor. Soweit befreit, stand der Hirsch schließlich selbstständig auf. Volker trat von ihm zurück und stieg auf die Uferkante, von der er abermals begann, auf den Hirsch mit beruhigenden Worten einzureden. Wieder standen sie minutenlang einander gegenüber. Dann aber trollte sich das großgewachsene Tier und entschwand Volkers Blick endlich in den Tiefen des Waldes. Aber nicht ganz ohne Sendbotschaft: Vor Volker lag die zweite Geweihstange, diese mit sieben Endungen versehen. Er hob sie auf, betastete sie, roch daran und machte sich schließlich auf den Weg zu seinem Auto.

Als er Zuhause ankam, war er noch immer aufgewühlt von seinem Erlebnis. Abends saß die ganze Familie um den neuen grünen Antikherd mit den schwarzen Füßen aus Gusseisen herum versammelt und lauschte Volkers Erlebtem. Der mühsam zusammengesparte Ofen war inzwischen das Schmuckstück der Wohnküche geworden, und es gab und gibt nichts Schöneres, als wenn man morgens aufsteht und im Ofen brennende Holzscheite eine wohlige Wärme verbreiten. Das Knacken und Knistern der Scheite ist wie Musik in den Ohren, findet die ganze Familie. Und da niemand genau weiß, wie lange so ein Winter im Bayerischen Wald andauert, hält Volker in Keller, Schuppen und Garten stets einen Holzvorrat von 50 Ster (Raummaß für Holz, einem Raummeter oder Kubikmeter entsprechend) bereit. So kann der Winter so lange andauern, wie er mag – die Familie sitzt gut geschützt um den Ofen herum, so wie die Menschen es in früheren Zeiten oft taten – und wir dürfen es heute mit Volker und seiner Familie gemeinsam tun, während es draußen erneut begonnen hat zu schneien.

rechts | Zwei Eichhörnchen auf der vergeblichen Suche nach der Karotte …

WINTERGEDANKEN

Wir sind angekommen und stellen fest, dass die Welt um uns herum vor allem in den Herzen der Menschen kälter geworden ist. Vielleicht merkt man das auf dem Lande zuletzt. Doch hierin liegt vermutlich einer der Hauptgründe für die neuartige Stadtflucht. Die Menschen sind der nimmersättigenden Angebotsschleife aus »höher, schneller, weiter« überdrüssig – und kein wirklich gutes Konzept ist am Horizont erkennbar, um dem virtuellen Wahnsinn zu entgehen.

Während das Feuer prasselt, fällt uns eine Sendung ein, die neulich im Kinderprogramm lief, in der Kinder gezeigt wurden, die an einer riesigen digitalen Wand anstelle einer Tafel Tierlaute Tiersymbolen zuordnen sollten. Wie weit weg kann man heranwachsende Menschen von der Realität führen und dieses auch noch als pädagogisch äußerst wertvoll darstellen? – Und wozu brauchen Kinder ein eigenes (auf sie ausgerichtetes) Fernsehprogramm? Da wird einerseits eine gesunde, biologisch-vollwertige Kost bei ausreichender

Bewegung für Menschen gefordert, sich aber andererseits auf Simulation realer Verhältnisse verlegt und jeder Weg von dort zurück im Versuch abgenommen.

Wir wünschen vielen Kindern kalte Füße und ein Kribbeln darin, denn das gehört zum Winter, wenn man den ganzen Tag draußen herumgelaufen ist und anschließend versucht, sich die Füße am Holzofen oder Heizkörper zu wärmen.

rechts | ... dem Schneemann stibitzt

So lange aber noch Winter in Mitteleuropa bei voranschreitender Klimaveränderung existieren, bleibt noch etwas Zeit, ein gutes Buch wie dieses zu lesen – zum Beispiel zurückgezogen auf dem Resthof seiner Träume.

In diesem Buch möchten wir auch gern zur Debatte stellen, ob nun jede einzelne (alte) Haustierrasse erhalten werden muss. Wir denken dabei insbesondere an auf hohes Aggressionspotenzial gezüchtete Rassen oder Tiere, die durch ihre extreme Abweichung von der Wildtierform große gesundheitliche Beschwerden haben. Zuchtbedingt haben Hunde und Katzen durch die Verkürzung ihrer Atemwege bzw. Nasalgänge Atembeschwerden und viele Tierarten Verunreinigungen und Entzündungsherde in den Schlapp- und Knickohren zu ertragen. Und wir möchten dringend davor warnen, den Fehler zu wiederholen, robuste, schlanke, leichte, weniger Milch gebende oder kleinere Eier legende Tiere zu effizienter nutzbaren Tieren abermals hochzuzüchten, wie es in der Vergangenheit geschehen ist und in verschiedenen Kreisen bereits wieder verlautbar wird, um sie für die Haltung attraktiver zu machen. Wir hoffen, dass der Nutzungsgedanke nicht das einzige Argument ist, mit alten Haustierrassen und überhaupt Haustieren zusammenzuleben. Denn auch Vegetarier sollen Haustiere halten können.

Wenn Menschen von anderen Menschen erfahren, die für den Natur- und Artenschutz tätig sind, so wünschen sie diesen häufig ein »toi toi toi!« und »Viel Erfolg bei Ihrer Arbeit!« anstatt sich selber einzubringen – denn schließlich teilen alle Menschen ein und dieselbe Umwelt. Unterdessen möchten sich Guido und ich nicht als Natur- oder Artenschützer verstanden wissen, sondern als Lebensschützer, da es uns eher um jedes einzelne Lebewesen geht. Der Erfolg für den Artenschutz wäre ein ungleich größerer. Und die Begrifflichkeit, Naturschutz betreiben zu wollen, steht für uns außer Frage, wie gleich zu Anfang dieses Buches erzählt, da sie als Anmaßung leicht misszuverstehen wäre.

Vorerst abschließend sei gesagt, dass wir nicht für Schmetterlinge und Schwebfliegen schreiben, da diese nicht lesen können, sondern für Menschen. Wir erhoffen uns davon, diese für den Lebensschutz zu sensibilisieren. Die fotografierten Menschen sollen helfen, das Thema zu vermitteln. Der Schwur, nur Wildtiere in völliger Freiheit für dieses Buch fotografiert zu haben, unterbleibt unterdessen, da viele der fotografierten und besuchten Tiere domestiziert sind und im Hausstand leben, dort aber hoffentlich ihren ganz persönlichen Begriff von Freiheit erleben und ihre größtmögliche Umsetzung davon erfahren dürfen.

Guidos und mein »Konrad-Lorenz-Syndrom« haben wir mit diesem Buch etwas gelindert. Und hoffentlich auch den Übermut der Maus vor dem Elefanten im Kino. Unterdes bleibt uns die Frage: »Was wäre wenn?« – Was wäre, wenn Konrad Lorenz Bundespräsident und Horst Stern Bundeskanzler bereits in den 1970er-Jahren geworden wären? Welche Chancen haben wir damit vertan, dass es nie dazu gekommen ist?

Initium culturae – Die Kultur beginnt.

»Wahre menschliche Kultur gibt es erst, wenn nicht nur die Menschenfresserei, sondern jeder Fleischgenuss als Kannibalismus gilt.«
Wilhelm Busch

»Meine Ansicht ist, dass wir, die für die Schonung der Tiere eintreten, ganz dem Fleischgenuss entsagen, und auch gegen ihn reden.«
Albert Schweitzer

»Ich glaube, dass spiritueller Fortschritt an einem gewissen Punkt von uns verlangt, dass wir aufhören, unsere Mitlebewesen zur Befriedigung unserer körperlichen Verlangen zu töten.«
Mahatma Gandhi

»Rein durch ihre physische Wirkung auf das menschliche Temperament würde die vegetarische Lebensweise das Schicksal der Menschheit äußerst positiv beeinflussen können.«
Albert Einstein

rechts | Holunder im Raureif

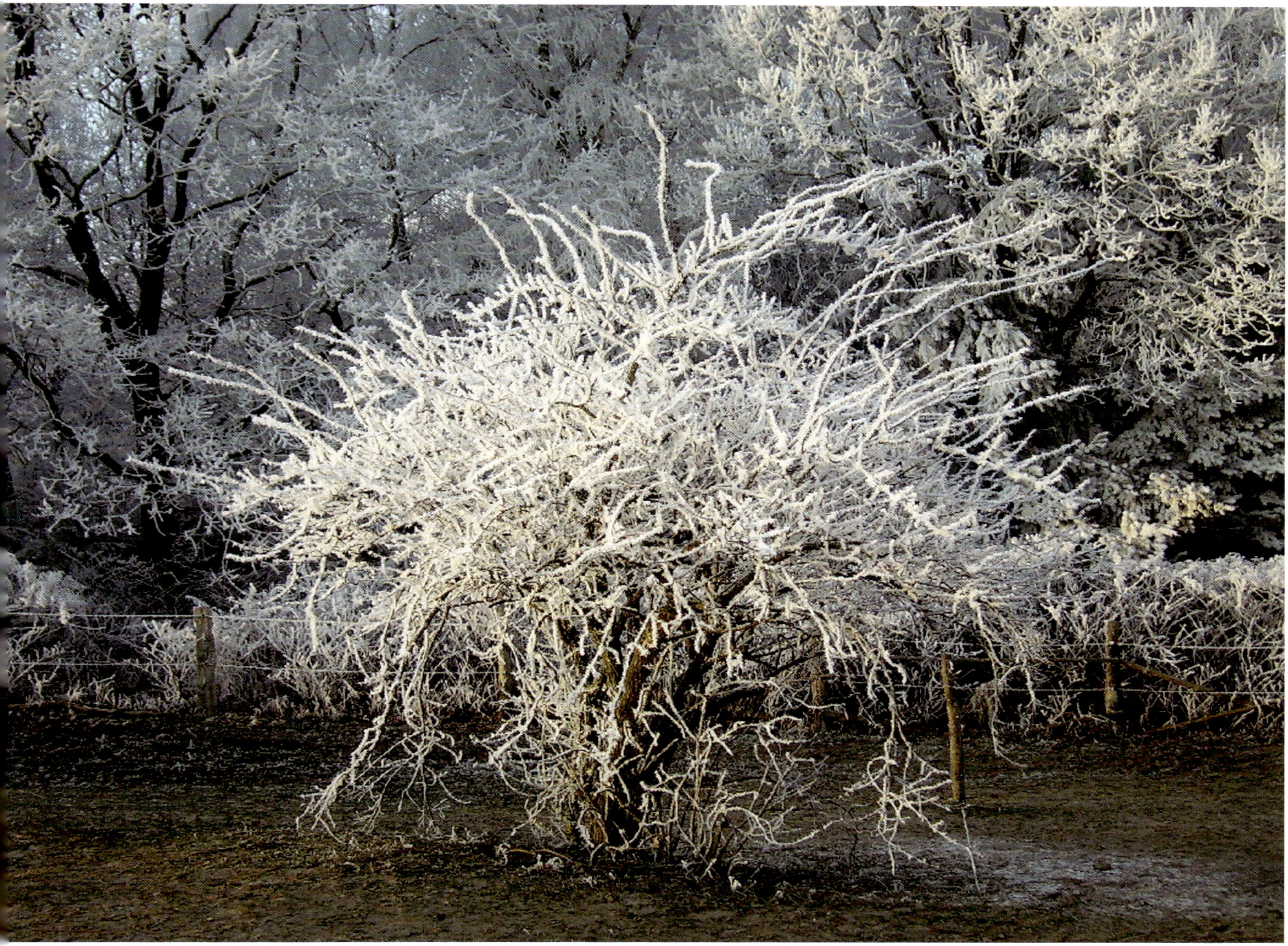

Die Autoren

Micha Dudek und Guido Roschlaub verbindet eine langjährige, innige Freundschaft, die über gemeinsame Interessengebiete entstand und inzwischen weit darüber hinausgeht. Beruflich verstehen sich beide als »Profiljäger« – das bedeutet, sie sind ständig auf der fotografischen Suche nach Charakteren, nicht nach Attraktionen. Dudek und Roschlaub zeichnet aus, Zoogegner und -freund zugleich zu sein – ihr Interesse gilt dabei vor allem den wild lebenden Tieren wie etwa Spatzen und Dohlen, die hier oft *El Dorado* und letzte Zuflucht zugleich finden. Zoologische Gärten, Bauern- und Resthöfe verbindet, dass sich zahlreiche Arten wilden Lebens *zwischen* den absichtlich gehaltenen Arten haben halten und integrieren können. Kurioserweise sind heute einige alte Haustierrassen so selten und ihr Anblick für Stadtkinder so außergewöhnlich geworden, dass sich inzwischen viele Zoos dazu entschlossen haben, neben der Einrichtung von sogenannten »Streicheltieranlagen« auch Sattelschweine, Kaltblutpferde etc. zu halten.

Dudek und Roschlaub gelingt es, wildes Leben an den ungewöhnlichsten Orten aufzuspüren. So nehmen sie bevorzugt in Drei-Sterne-Restaurants Platz, in denen es noch Hausmäuse gibt, und sind begeistert, wenn diese es von der Küche in den Speisesaal schaffen. Nur kulinarisch gehen ihre Geschmacksrichtungen deutlich auseinander: Während Roschlaub ein Fan hausmannstypischer Eintöpfe ist (Dicke Bohnen und Kartoffeln bevorzugt), hat sich Dudek für die »Indische Küche« entschieden. Ansonsten zeichnen beide auffällig viele Übereinstimmungen aus und die Begeisterung für Natur – im wahrsten Sinne. Ihre Familien hatte es in den großen Ferien günstigerweise oft in den Süden nach Österreich und Italien verschlagen, wo auch in den 1960er- und 70er-Jahren mehr Arten zu beobachten waren.

GUIDO ROSCHLAUB

Guido Roschlaub, Jahrgang 1968, ist in Pinneberg bei Hamburg geboren und aufgewachsen. Einen Teil seiner Kindheit verbrachte er bei seinem Großonkel auf dem Hof in Schleswig-Holstein. Nachhaltig in Erinnerung geblieben ist ihm der Urlaub auf dem Bauernhof als Zehnjähriger in Österreich. Guido half dort bei der Landarbeit, beim Schweinefüttern und Treckerfahren. An den Südhängen lernte er »Eidechsen mit Hosenträgern« kennen, Zauneidechsen, wie er später feststellen sollte. Besonders beeindruckt aber hat ihn das »Menschenfischlein« auf dem Ausflug ins damalige Jugoslawien, der zartbekiemte Grottenolm, der als dauerhafte Larvenform einige Höhlengewässer entlang der Adria bewohnt.

Prägend für Roschlaub war, dass der Vater eine formschöne *Voigtländer* benutzte, eine Kleinbildkamera mit lichtempfindlicher 2,8er-Blende, die besonders im Urlaub zum Einsatz kam. Natürlich versuchte er sich selber schnell daran – mit schon gutem Erfolg. Entsprechend investierte er später sein Konfirmationsgeld in seine erste Spiegelreflexkamera samt Blitz, Stativ und Schiebezoom. Bis heute fasziniert es ihn, Natur durch den Sucher zu betrachten. Mit dem vorliegenden Werk stellt Roschlaub bereits zum dritten Mal seine Ergebnisse als Beitrag in Buchformat zur Schau.

MICHA DUDEK

Micha Dudek, Jahrgang 1962, ist in Hamburg geboren und aufgewachsen. Er wurde in einem Drei-Generationen-Haushalt groß, in dem vor allem von großelterlicher Seite Zuneigung zu Tieren und Literatur gefördert wurde. Um mit Großvaters Hilfe in der Vorweihnachtszeit Schablonen zu fertigen, wurden die Fotos im alten *Brehms Tierleben* von 1927 umrandet und durchgepaust (was heute noch in den Büchern zu sehen ist). Die Tiger, Elefanten und Wölfe wurden auf dünnem Holzfurnier aufgetragen, per Laubsägearbeit herausgelöst und als Spielzeugfiguren mit Standfuß und Farbe versehen. Der Heranwachsende war damit befähigt, sich wunderbare eigene Welten zu schaffen in übriger biederer Zeit und Umgebung.

Sprache, Bild und Schrift übten von Anfang an ihre besondere Faszination auf Dudek aus. Es war von Vornherein klar, dass er später viel reisen, dabei zeichnen und fotografieren und darüber schreiben und referieren würde. Laut Roschlaubs jüngster Tochter kann Dudek »ganz toll Gitarre spielen«, wie sie einmal einer anderen Siebenjährigen andächtig auf dem Autorücksitz erklärte – und ist »Buchsteller« geworden. Nach »Neue Wildnis Deutschland« und »Mein wilder Garten« ist das vorliegende Werk bereits das dritte Buch Dudeks im Thorbecke Verlag. Er präsentiert seine Arbeiten regelmäßig in den Medien, so auf dem legendären »Roten Sofa« der Sendung DAS! des NDR.

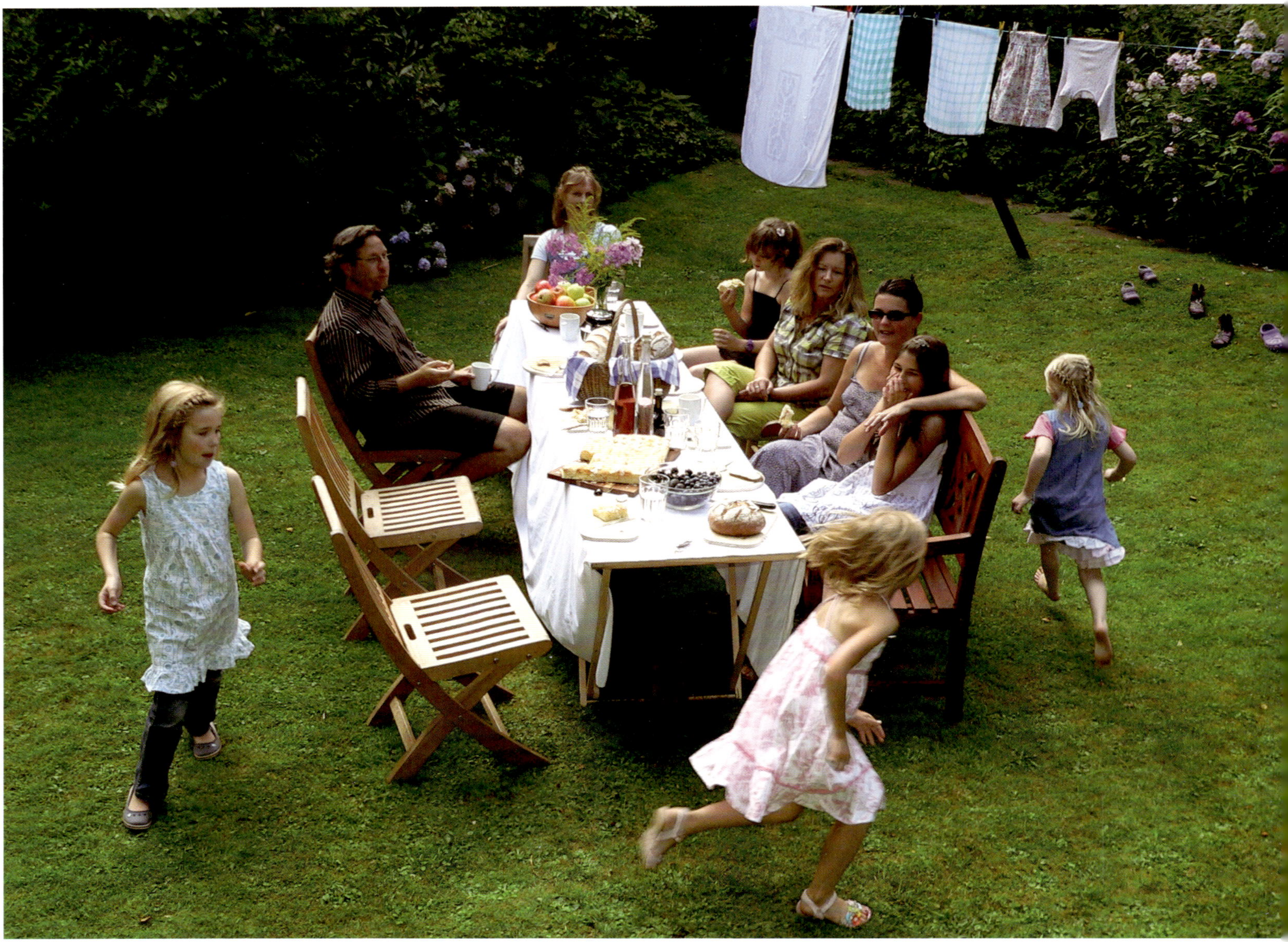

Danksagung

Wir wären doch verloren ohne die vielen Menschen, die uns in der Schaffung dieses Buches unterstützt haben. Uns retteten die Foto-Models:

Anna-Nicole, Claudia, Denise, Hannah, Laura, Malyn, Pelle, Micky, Ronja Hermine Maja, Ronja Millane, Steffi und die Familien Soder und Timm.

Wir danken für ihre tatkräftige Unterstützung, ihre Zeit, ihre Ideen und der Duldung in ihrem Privatbereich:

Talaye Almasi (Requisite), Camille Frits van Beusekom, Familie Heike Brandemann, Nicole Dienstbach (fürs Korrekturlesen), Karsten Dörfer, Barbara Draesner, Familie Alexandra Fabian, Andrea Funcke, Familie Patricia Gelas, Familie Tilla und Volker Hartwig, Hartmut Heckenroth, Angelika Hoffmann, Siegrun und Holger Hogelücht, Familie Moslem Jamali, Familie Dunja und Georg Kaatz (auch für die leckeren Essen), Jörg Kammel, Tanja Karschies (Requisite), Familie Barbara und Siegfried »Kenny« Kenner, Barbara Kirsch, Rebecca Simone Melanie Koopmann, Ruud Lardinois, Ellen-Iris Lengwenat (Requisite), Familie Johann und Anna Mayer, Murielle Mermod (Koordinationsstelle für Amphibien- und Reptilienschutz in der Schweiz), Andreas Meyer, den »Mieps«, Michael Millert, Sven Mindermann (Landschaftsstation im Kreis Höxter), Jean-Claude Monney, Familie Christa und Hans-Jürgen Niederhoff, Dietmar Nill, Heike Pankow, Familie Petra und Jens Pommerening, Hans-Helmut Poppendieck, Uwe Prokoph, Familie Ralf Ratzmer, Rainer Reischuck, Familie Ingrid und Ingo Rosenberg, Birgit Rüffler (Requisite), Winfried Rusch, Bernd Schackers, Familie Nicole und Stefan Schön, Familie Martina und Wilfried Schümann, Rolf Schulz, Schwen Sörensen, Stefanie und Merle Thäter, Familie Thomsen, Familie Claudia Zorn und Familie Britta Zurmühlen.

Wir sind sehr froh und dankbar, die Herren Walter Baltruweit und Jürgen Timmermann kennengelernt zu haben. Beide verstarben im Jahr 2012, der Zeit unserer Buchproduktion. Wir fühlen uns geehrt für ihre Unterstützung und Inspiration für die Arbeit an diesem Buch.

Sarah Wiener sei im Speziellen gedankt für ihr schönes und persönliches Vorwort!

Dem Verlag sei ausdrücklich für die wunderbare Zusammenarbeit gedankt, hier im Besonderen Janina Drostel und Johanna Haag.

Bildnachweis

MICHA DUDEK: Cover oben, Cover unten rechts (mit besonderer Genehmigung durch Familie Zorn), Seite 2, 5 (mit besonderer Genehmigung durch Familie Soder), 6, 7 (mit besonderer Genehmigung durch Sarah Wiener), 10, 12, 14 (mit besonderer Genehmigung durch Patricia Gelas), 15, 16, 17, 18, 19, 20 links, 21 unten, 22, 23 unten, 24, 25, 26, 28, 29, 30, 31, 33 oben und unten, 37, 41, 42, 50, 51, 52, 53 Mitte, 56, 59 unten, 61, 65, 67 (mit besonderer Genehmigung durch Familie Pommerening), 78, 84 oben, 87 Mitte links, 90, 91, 102, 103, 104, 105, 109 links, 110; **ANGELIKA HOFFMANN:** 98; **SIEGRUN UND HOLGER HOGELÜCHT:** 60, 62, 63; **JÖRG KAMMEL:** 75; **BARBARA KIRSCH:** 82, 83; **ANDREAS MEYER:** 80 drittes Bild; **JEAN-CLAUDE MONNEY:** 80 erstes Bild; **DIETMAR NILL:** 89; **HEIKE PANKOW:** 20 rechts, 23 oben, 109 rechts; **UWE PROKOPH:** 80 zweites und viertes Bild; **GUIDO ROSCHLAUB:** Cover unten links, 8 (mit besonderer Genehmigung durch Familie Pommerening), 21 oben, 32, 34 oben, 34 unten, 35, 38 (mit besonderer Genehmigung durch die Familien Schön und Schümann), 44 oben und unten (mit besonderer Genehmigung durch Familie Schümann), 46 (mit besonderer Genehmigung durch Familie Schön), 49, 53 oben (mit besonderer Genehmigung durch die Familien Timmermann und Brandemann), 53 unten (mit besonderer Genehmigung durch Familie Thomsen), 54, 55, 59 oben, 64, 66 (mit besonderer Genehmigung durch Rainer Reischuck und Familie Schön), 68, 69, 70 (mit besonderer Genehmigung durch Familie Pommerening), 72, 73, 74, 76, 77 (mit besonderer Genehmigung durch Familie Pommerening), 81, 84 unten (mit besonderer Genehmigung durch Familie Zurmühlen), 87 oben, 87 unten (mit besonderer Genehmigung durch Familie Schön), 92, 93, 94 (mit besonderer Genehmigung durch Familie Fabian), 95, 97 (mit besonderer Genehmigung durch Familie Schön), 100; **WILFRIED RUSCH:** Cover unten Mitte, 48; **STEFANIE THÄTER:** 87 Mitte rechts, 107.